나혼자 끝내는
독학 일본어
문법

나혼자 끝내는 독학 일본어 문법

지은이 송현미
펴낸이 임상진
펴낸곳 (주)넥서스

초판 1쇄 발행 2007년 4월 30일
초판 3쇄 발행 2008년 6월 20일

2판 1쇄 발행 2009년 2월 5일
2판 3쇄 발행 2012년 3월 15일

3판 1쇄 발행 2017년 6월 10일
3판 8쇄 발행 2024년 4월 1일

출판신고 1992년 4월 3일 제311-2002-2호
주소 10880 경기도 파주시 지목로 5
전화 (02)330-5500 팩스 (02)330-5555

ISBN 979-11-6165-034-0 13730

www.nexusbook.com

나 혼자 끝내는
독학 일본어 문법

송현미 지음

넥서스

여는 글

이 책은 초급 수준의 학습을 마친 사람이라면 누구나 쉽게 쭉 읽어가며 문법을 정리해볼 수 있도록 가장 이해하기 쉬운 설명으로 구성한 독학용 문법 교재이다. 각 장마다 활용표로 활용연습을 하고, 예문을 통해 문장 속에서 어떻게 쓰이는지 알아볼 수 있게 하였다. 그리고 마지막에는 본문에서 공부한 문법 포인트를 확인문제를 풀어보며 체크할 수 있게 구성하였다.

학원에서 강의를 하다 보면 학생들로부터 "쉬운 일본어 문법책과 단어장을 추천해 주세요"라는 말을 자주 듣는다. 이 교재는 이 두 가지 요구를 모두 만족시켜 주고 있다. 단어장을 부록으로 구성하여, 어휘력 향상과 함께 일본어능력시험 3, 4급에도 대비할 수 있도록 하였다.

일본어는 우리말과 어순이 비슷해서 분명 한국인이 가장 쉽게 배울 수 있는 외국어임에 틀림없다. 그러나 아무리 일본어가 우리말과 어순이 비슷하다고 해도 차근차근 공부해가는 성실함이 없다면 일본어도 결코 쉽게 다가오지 않을 것이다. 특히, 외국어를 공부함에 있어서 문법은 가장 중요한 기초라고 할 수 있다. 문법 기초가 탄탄해야 회화나 독해 등의 일본어 실력도 쑥쑥 늘어나게 된다.

현대는 인터넷의 발달과 자유로운 일본여행으로 인해 일본문화와 일본어를 쉽게 접할 수 있는 상황이다. 그로 인해 과거에는 취업이나 진학 등을 위해서 공부하는 학생들이 대부분이었던 것에 반해, 요즘은 일본 드라마나 노래를 좋아해서 일본어를 공부하고자 하는 학생들이 많은 듯하다. 목적이야 어찌 되었든 간에 일본어를 유창하게 잘할 수 있다는 것은 대단한 자신감을 가져다 줄 것이다. 일본어를 공부하는 모든 학습자들에게 이 교재가 큰 도움이 되었으면 하는 마음이다. 끝으로 이 책이 나오기까지 도와주신 넥서스 Japanese 여러분께 감사드린다.

저자 송현미

이 책의 구성과 특징

문법 파헤치기

각 품사별 기초 문법을 예문과 쉬운 용어를 사용하여 설명하였습니다. 또한, 부연 설명과 Tip을 추가하여 이해를 도왔습니다.

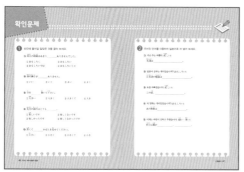

확인문제

연습문제 페이지입니다. 본문에서 익힌 문법사항을 가지고 객관식과 주관식 문제를 풀어가며 공부한 내용을 다시 한 번 체크해 봅니다.

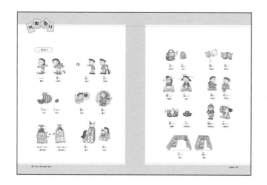

어휘박사

일본어 학습에 기본이 되는, 자주 쓰이는 어휘들을 각 품사별로 모아 정리하였습니다. 이 어휘들을 가지고 문법 연습을 해 볼 수 있습니다.

CONTENTS

본문

명사

명사는 쉽게 말해서 사물이나 사람의 이름이라고 생각하면 됩니다. 일본어의 명사는 우리말과 별로 차이가 없습니다. 즉, 「やまだ(야마다)」「たなか(다나카)」와 같은 사람의 이름뿐만 아니라 「つくえ (책상)」「かばん(가방)」과 같은 물건 등의 이름이라고 생각하면 됩니다. 명사 스스로는 활용을 하지 않으므로, '책상입니다'라고 할 때는 「つくえ」에 「です(입니다)」를 붙입니다. 그리고 '책상입니까?'라고 물어볼 때는 「つくえ」에 「ですか(입니까)」를 붙입니다. 명사의 활용표현은 명사에다가 아래에 있는 말들을 그대로 붙이면 됩니다. 그럼, 명사의 표현법을 알아봅시다.

 문법 파헤치기

반말체	정중체
～だ[である] ～이다	～です ～입니다
～だった ～이었다	～でした(～だったんです) ～이었습니다
～じゃ[では]ない ～이 아니다	～じゃ[では]ありません ～じゃ[では]ないです ～이 아닙니다
～じゃ[では]なかった ～이 아니었다	～じゃ[では]ありませんでした ～じゃ[では]なかったです ～이 아니었습니다
～だろう ～이겠지	～でしょう ～이겠지요
～になる ～이 되다	～になります ～이 됩니다
～で ～이고	

명사 + だ[である]　　　　　　　　　　　　｜　～이다

'～이다, ～이야'라고 이야기할 때, 명사에 「だ」나 「である」를 붙입니다. 「である」는 「だ」보다 좀 더 딱딱한 느낌으로, 문장체 표현이라고 할 수 있습니다.

예　これは私のかばんだ。 이것은 내 가방이다.

명사 + だった　　　　　　　　　　　　　　｜　～이었다

'～이었다, ～이었어'는 「だ」의 과거형인 「だった」가 됩니다.

예　昨日は休みだった。 어제는 휴일이었다.

명사 + じゃない[ではない]　　　　　　　　｜　～이 아니다

'～이 아니다'라고 할 때, 명사에 「じゃない」나 「ではない」를 붙이면 됩니다. 「～がない(～이 없다)」로 틀리기 쉬우므로 주의합시다.

예　彼は学生じゃない。 그는 학생이 아니다.

명사 + じゃなかった[ではなかった]　　　　｜　～이 아니었다

'～이 아니었다'라고 할 때는 「じゃなかった」나 「ではなかった」라고 하면 됩니다.

예　土曜日は授業じゃなかった。 토요일은 수업이 아니었다.

명사 + です　　　　　　　　　　　　　　　｜　～입니다

'저는 ～입니다' 또는 '저는 회사원입니다' 등 간단한 자기소개를 할 때 쓸 수 있는 표현이에요. '～입니다'라고 할 때, 명사에 「です」를 붙이기만 하면 됩니다. '～입니까?'라고 물어보는 경우에는 「～ですか」라고 하면 됩니다.

예　私は韓国人です。 저는 한국인입니다.

명사 + でした(だったんです)　｜　~이었습니다

'~이었습니다'라고 할 때는 명사에「でした」를 붙이면 됩니다.「です」의 과거형 표현이에요. 즉, '어제는 / 작년에는 / 지난 주말에는 ~이었습니다'라고 할 때는「です」가 아니라,「でした」로 해야 맞는 표현입니다.

예 去年(きょねん)は学生(がくせい)でした。작년에는 학생이었습니다.

명사 + じゃありません (じゃないです)　｜　~이 아닙니다

'~이 아닙니다'라고 할 때는 명사에「じゃ[では]ありません / じゃ[では]ないです」를 붙이면 됩니다.「~がありません」으로 틀리는 경우가 많은데 주의합시다.

예 私(わたし)は日本人(にほんじん)じゃありません。저는 일본인이 아닙니다.

명사 + じゃありませんでした (じゃなかったです)　｜　~이 아니었습니다

'~이 아니었습니다'라고 할 때는 명사에「じゃ[では]ありませんでした / じゃ[では]なかったです」를 붙이면 됩니다.

예 昨日(きのう)はテストじゃありませんでした。어제는 시험이 아니었습니다.

명사 + で　｜　~이고

'~이고'라는 뜻을 나타낼 때는 명사에「で」를 붙이면 됩니다. 명사로 된 2개의 문장을 한 문장으로 연결해서 말할 수 있습니다.

예 兄(あに)は会社員(かいしゃいん)で、弟(おとうと)は高校生(こうこうせい)です。형은 회사원이고, 남동생은 고등학생입니다

명사 + になる　｜　~이 되다, ~이 될 것이다

명사에 붙여 '~이 되다'라고 할 때는 명사에「になる」를 붙입니다.「~がなる」로 틀리기 쉬운 표현이므로 주의합시다.

예 もうすぐ春(はる)になる。이제 곧 봄이 될 것이다.

명사 + になります　｜　~이 됩니다, ~이 될 것입니다

'~이 됩니다'라고 할 때는 명사에 「になります」를 붙이면 됩니다. '~이 됩니다' 뿐만 아니라, '~이 될 것입니다'로 미래의 뜻도 나타낼 수 있습니다.

예　来年（らいねん）は大学生（だいがくせい）になります。 내년에는 대학생이 됩니다.

명사 + だろう　｜　~이겠지, ~일 것이다

'~이겠지, ~일 것이다'라는 뜻으로, 추측이나 완곡한 표현을 나타낼 때 쓰는 표현입니다.

예　明日（あした）は雨（あめ）だろう。 내일은 비겠지.

명사 + でしょう　｜　~이겠지요, ~일 것입니다

「~でしょう」는 '~이겠지요, ~일 것입니다'라는 뜻으로, 추측이나 완곡하게 말할 때 쓰는 표현입니다.

예　彼（かれ）は金持（かねも）ちでしょう。 그는 부자이겠지요.

확인문제

1 빈칸에 들어갈 알맞은 것을 골라 보세요.

① 山田さんは日本人_____、ワンさんは中国人です。

    ① だ   ② で   ③ に   ④ でした

② 昨日は休み_____。

    ① です   ② じゃありません   ③ でした   ④ だ

③ 来年は大学生_____。

    ① になる   ② でした   ③ ではありませんでした   ④ だった

④ 鈴木さんは学生_____ありません。

    ① だ   ② では   ③ に   ④ でした

⑤ 明日は雨_____。

    ① で   ② でしょう   ③ だった   ④ でした

② 주어진 단어를 이용하여 일본어로 써 넣어 보세요.

① 나는 한국인이다. (韓国人)

私は＿＿＿＿＿＿＿＿＿＿＿＿＿。

② 당신은 학생입니까? (学生)

あなたは＿＿＿＿＿＿＿＿＿＿＿＿＿。

③ 저는 야마다가 아닙니다. (山田)

私は＿＿＿＿＿＿＿＿＿＿＿＿。

④ 주말은 비였어요. (雨)

週末は＿＿＿＿＿＿＿＿＿＿＿＿＿。

⑤ 어제는 토요일이 아니었어요. (土曜日)

昨日は＿＿＿＿＿＿＿＿＿＿＿＿＿。

 직업과 관련된 단어

先生せんせい 선생님
学生がくせい 학생
生徒せいと (중·고교) 학생
看護婦かんごふ 간호사
医者いしゃ 의사
社員かいしゃいん 회사원
銀行員ぎんこういん 은행원
主婦しゅふ 주부
店員てんいん 점원
運転手うんてんしゅ 운전기사
デザイナー 디자이너

 계절과 관련된 단어

季節きせつ 계절
春はる 봄   夏なつ 여름
秋あき 가을   冬ふゆ 겨울

 위치를 나타내는 단어

上うえ 위   下した 아래
前まえ 앞   後うしろ 뒤
中なか 안   隣となり 옆
横よこ 옆   近ちかく 근처
右みぎ 오른쪽   左ひだり 왼쪽
間あいだ 사이

때를 나타내는 단어

朝あさ 아침   昼ひる 낮
夜よる 저녁
今朝けさ 오늘 아침   夕ゆうべ 어제 저녁
午前ごぜん 오전   午後ごご 오후

おととい 그저께   昨日きのう 어제
今日きょう 오늘   明日あした 내일
明後日あさって 모레

先週せんしゅう 지난주   今週こんしゅう 이번주
来週らいしゅう 다음주

先月せんげつ 지난달   今月こんげつ 이번달
来月らいげつ 다음달

去年きょねん 작년   今年ことし 올해
来年らいねん 내년

毎日まいにち 매일   毎週まいしゅう 매주
毎月まいつき 매월
毎年まいとし 매년   毎朝まいあさ 매일 아침
毎晩まいばん 매일 밤

月曜日げつようび 월요일
火曜日かようび 화요일
水曜日すいようび 수요일
木曜日もくようび 목요일
金曜日きんようび 금요일
土曜日どようび 토요일
日曜日にちようび 일요일
何曜日なんようび 무슨 요일

과일

りんご 사과	みかん 귤
いちご 딸기	なし 배
すいか 수박	バナナ 바나나
ぶどう 포도	うり 참외
かき 감	もも 복숭아

 나라

韓国かんこく 한국	日本にほん 일본
アメリカ 미국	イギリス 영국
中国ちゅうごく 중국	フランス 프랑스
ロシア 러시아	ドイツ 독일
イタリア 이탈리아	オランダ 네덜란드

 교통기관

電車でんしゃ 전철	地下鉄ちかてつ 지하철
バス 버스	タクシー 택시
車くるま 자동차	
自転車じてんしゃ 자전거	
飛行機ひこうき 비행기	
高速こうそくバス 고속버스	
列車れっしゃ 열차	

 외국어

韓国語かんこくご 한국어
日本語にほんご 일본어
英語えいご 영어
中国語ちゅうごくご 중국어
フランス語ご 프랑스어
ドイツ語ご 독일어
ロシア語ご 러시아어

 스포츠

サッカー 축구	野球やきゅう 야구
テニス 테니스	ゴルフ 골프
スキー 스키	水泳すいえい 수영
ジョギング 조깅	ピンポン 탁구
バレーボール 배구	ビリヤード 당구
バスケットボール 농구	

い형용사

일본어의 형용사는, 어미가 「い」로 끝나는 い형용사와 「だ」로 끝나는 な형용사가 있습니다. 즉, 「た
かい(비싸다)」「おおきい(크다)」와 같은 것은 い형용사이고, 「きれいだ(예쁘다)」「しずかだ(조용하
다)」와 같은 것은 な형용사입니다. 형용사는 그 자체가 술어가 되기도 하지만 명사를 꾸며주는 역할
을 하는데, 명사 앞에 올 때 い형용사는 「〜い」형태가, な형용사는 「〜な」형태가 됩니다.
い형용사는 기본형이 「い」로 끝납니다. 「大(おお)きい(크다)」를 보면, 「大き」부분을 어간이라고 하며
「い」부분을 어미라고 하는데, 활용할 때 어간은 변하지 않고 어미 「い」만 변합니다. 그리고 명사 앞
에 와서 '큰 가방'이라고 할 때는 「大きい」를 그대로 써서 「大きいかばん」이라고 하면 됩니다.
그럼, い형용사의 활용에 대해 자세히 알아봅시다.

 ## 문법 파헤치기

반말체	정중체
大おおきい 크다	大きいです 큽니다
大きくない 크지 않다	大きくないです 大きくありません 크지 않습니다
大きかった 컸다	大きかったです 컸습니다
大きくなかった 크지 않았다	大きくなかったです 大きくありませんでした 크지 않았습니다
大きい 큰 〈명사 수식〉	大きく 크게
大きくなる 커지다	大きくて 크고, 커서
大きいだろう 크겠지	大きいでしょう 크겠지요

い형용사 기본형 | ~하다

'~하다, ~해'는 い형용사의 기본형 「~い」를 그대로 쓰며, 반말이 됩니다.

예 今日は寒い。 오늘은 춥다.

~くない | ~지 않다

'~지 않다, ~지 않아'라고 할 때는 い형용사의 기본형에서 「い」를 빼고 「くない」를 붙이면 됩니다. 즉, 반말로 부정할 때 쓰는 표현입니다.

예 あの店はあまり高くない。 저 가게는 그다지 비싸지 않다.

~かった | ~했다

'~했다'라고 할 때는 い형용사의 기본형에서 「い」를 빼고 「かった」를 붙입니다.

예 週末はとても楽しかった。 주말은 매우 즐거웠다.

~くなかった | ~지 않았다

'~지 않았다, ~지 않았어'라고 할 때는 い형용사 기본형에서 「い」를 빼고 「くなかった」를 붙입니다.

예 テストは難しくなかった。 시험은 어렵지 않았다.

~です | ~니다

'~합니다, ~해요'라고 정중하게 말할 때는 い형용사 기본형에 「です」를 붙이면 됩니다.

예 今日は寒いです。 오늘은 추워요.

～くないです (～くありません) | ～지 않습니다

'～지 않습니다, ～지 않아요'라고 말할 때는 い형용사 기본형에서 「い」를 빼고 「くないです」나 「くありません」을 붙이면 됩니다.

> 예 今日は寒くないです。 오늘은 춥지 않아요.
> きょう　さむ

～かったです | ～했습니다

'～했습니다, ～했어요'라고 과거를 나타낼 때는 い형용사 기본형에서 「い」를 빼고 「かったです」를 붙이면 됩니다. 「～でした」로 많이 틀리는 표현이니까 주의합시다.

> 예 週末はとても楽しかったです。 주말은 매우 즐거웠어요.
> しゅうまつ　　　　　たの
> 「楽しいでした」로 틀리기 쉬우니까 주의하세요!

～くなかったです(～くありませんでした) | ～지 않았습니다

'～지 않았습니다, ～지 않았어요'라고 말할 때는 い형용사 기본형에서 い를 빼고 「くなかった です」나 「くありませんでした」를 붙이면 됩니다.

> 예 昨日のテストは難しくなかったです。 어제의 시험은 어렵지 않았어요.
> きのう　　　　　　むずか

い형용사 기본형 | ～한 〈명사 수식〉

명사 앞에 와서 명사를 꾸며주는 경우에는 い형용사 기본형을 그대로 쓰면 됩니다.

> 예 いい天気ですね。 좋은 날씨네요.
> てんき

～く | ～하게

'～하게, ～히'라는 뜻으로, い형용사를 부사 형태로 만들 때는 い형용사의 기본형에서 「い」를 빼고 「く」를 붙이면 됩니다.

> 예 名前を大きく書いてください。 이름을 크게 써 주세요.
> なまえ　おお　　か

~くなる ｜ ~해지다

'~해지다'라고 할 때는 い형용사의 기본형에서 「い」를 빼고 「くなる」를 붙이면 됩니다.

예 会社から近くなる。 회사에서 가까워지다.

~くて ｜ ~하고, ~해서

'~하고, ~해서'라고 할 때는 い형용사의 기본형에서 「い」를 빼고 「くて」를 붙이면 됩니다.

예 あの店は安くて、おいしい。 저 가게는 싸고 맛있다.

~だろう ｜ ~겠지

'~겠지, ~할 것이다'라고 할 때는 い형용사 기본형에 「だろう」를 붙이면 됩니다.

예 外は寒いだろう。 밖은 춥겠지.

~でしょう ｜ ~이겠지요, ~일 것입니다

'~이겠지요, ~일 것입니다'라고 할 때는 い형용사 기본형에 「でしょう」를 붙입니다.

예 明日は寒いでしょう。 내일은 춥겠지요.

※ '좋다'의 경우에는 주의해야 합니다. 우리말의 '좋다'는 일본어에 「いい」와 「よい」 두 개의 단어가 있지만 모양이 바뀌는 활용의 경우, 언제나 「よい」로 활용해야 합니다.

예 よくないです / よくありません。 좋지 않습니다.
　 いくないです / いくありません。(×)

　 よかったです。 좋았습니다.
　 いかったです。(×)

　 よくなかったです / よくありませんでした。 좋지 않았습니다.
　 いくなかったです / いくありませんでした。(×)

확인문제

1 빈칸에 들어갈 알맞은 것을 골라 보세요.

1 昨日の映画はあまり＿＿＿＿＿ありませんでした。

① おもしろく　　　　　　② おもしろい

③ おもしろいでは　　　　④ おもしろいじゃ

2 体の調子が＿＿＿＿＿ありません。

① いい　　　② いく　　　③ よい　　　④ よく

3 字を＿＿＿＿＿書いて下さい。

① 大きい　　② 大きく　　③ 大きくて　　④ 大き

4 先月の旅行はとても＿＿＿＿＿。

① 楽しいです　　　　　② 楽しくないです

③ 楽しかったです　　　④ 楽しくなかったです

5 黒くて＿＿＿＿＿かばんを見せてください。

① 小さい　　② 小さく　　③ 小さくて　　④ 小さ

② 주어진 단어를 이용하여 일본어로 써 넣어 보세요.

① 지난주는 바빴다. (忙しい)

先週は＿＿＿＿＿＿＿＿＿＿＿＿＿＿。

② 일본어 공부는 재미있습니까? (おもしろい)

日本語の勉強は＿＿＿＿＿＿＿＿＿＿＿＿＿＿。

③ 요즘 바빠졌습니다. (忙しい)

この頃、＿＿＿＿＿＿＿＿＿＿＿＿＿＿。

④ 저 영화는 재미있었습니까? (おもしろい)

あの映画は＿＿＿＿＿＿＿＿＿＿＿＿＿＿。

⑤ 어제는 바람이 강하고 추웠습니다. (強い · 寒い)

昨日は風が＿＿＿＿＿＿＿、＿＿＿＿＿＿＿。

い형용사

いい
좋다

悪^{わる}い

遠^{とお}い
멀다

近^{ちか}い
가깝다

大^{おお}きい
크다

小^{ちい}さい
작다

暑^{あつ}い
덥다

寒^{さむ}い
춥다

おもしろい
재미있다

つまらない
재미없다

高^{たか}い
높다

低^{ひく}い
낮다

高^{たか}い
비싸다

安^{やす}い
싸다

軽^{かる}い
가볍다

重^{おも}い
무겁다

難^{むずか}しい
어렵다

易^{やさ}しい
쉽다

熱^{あつ}い
뜨겁다

冷^{つめ}たい
차갑다

新^{あたら}しい
새롭다

古^{ふる}い
오래되다

暖^{あたた}かい
따뜻하다

涼^{すず}しい
시원하다

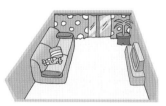

広^{ひろ}い
넓다

狭^{せま}い
좁다

な형용사

な형용사는 기본형이 「だ」로 끝납니다. 「静(しず)かだ(조용하다)」를 예로 들면, 「静か」부분을 어간이라고 하며 「だ」를 어미라고 하는데, 활용할 때 어간은 바뀌지 않고 어미 부분이 바뀌며 활용을 합니다. 명사 앞에 올 때 「~な」의 형태로 바뀌기 때문에 な형용사라고 합니다. 즉, '조용합니다'라고 정중하게 말할 때는 「静かだ(조용하다)」에서 「だ」를 빼고 「です」를 붙여서 「静かです」라고 합니다. '조용하지 않습니다'라고 할 때는 「です」대신 「じゃありません」을 붙여서 「静かじゃありません」이라고 하면 됩니다. 그리고 '조용한 방'처럼 명사 앞에 와서 꾸며 줄 때는 「静かだ」에서 「だ」를 빼고 「な」를 붙여서 「静かなへや」라고 하면 됩니다.

그럼, な형용사 활용에 대해 자세히 알아봅시다.

문법 파헤치기

반말체	정중체
静しずかだ 조용하다	静かです 조용합니다
静かじゃない (静かではない) 조용하지 않다	静かじゃありません (静かではないです) 조용하지 않습니다
静かだった 조용했다	静かでした(静かだったんです) 조용했습니다
静かじゃなかった (静かではなかった) 조용하지 않았다	静かじゃありませんでした 静かじゃなかったです 조용하지 않았습니다
静かな 조용한	静かに 조용히, 조용하게
静かになる 조용해지다	静かで 조용하고
静かだろう 조용하겠지	静かでしょう 조용하겠지요

な형용사 기본형 | ~하다

'~하다'는 な형용사의 기본형을 그대로 쓰며 반말이 됩니다.

예 交通が便利だ。 교통이 편리하다.
　　こうつう　べんり

~じゃない (~ではない) | ~지 않다

'~지 않다'라고 할 때는, な형용사의 기본형에서「だ」를 빼고「じゃない」나「ではない」를 붙이면
됩니다.

예 交通が便利じゃない。 교통이 편리하지 않다.
　　こうつう　べんり

~だった | ~했다

'~했다, ~했어'라고 할 때는 な형용사의 기본형에서「だ」를 빼고「だった」를 붙이면 됩니다.

예 昨日は静かだった。 어제는 조용했다.
　　きのう　しず

~じゃなかった (~ではなかった) | ~지 않았다

'~지 않았다, ~지 않았어'라고 할 때는 な형용사의 기본형에서「だ」를 빼고「じゃなかった」나
「ではなかった」를 붙이면 됩니다.

예 昨日は静かじゃなかった。 어제는 조용하지 않았다.
　　きのう　しず

~です | ~합니다

'~합니다, ~해요'라고 할 때는 な형용사의 기본형에서「だ」를 빼고「です」를 붙입니다. '~합니
까? ~해요?'라고 물어볼 때는「ですか」를 붙입니다.

예 あの歌手は有名です。 저 가수는 유명해요.
　　かしゅ　ゆうめい

~じゃありません(~じゃないです) | ~지 않습니다

'~지 않아요, ~지 않습니다'라고 할 때는, な형용사의 기본형에서 「だ」를 빼고 「じゃ[では]ありません」「じゃ[では]ないです」를 붙이면 됩니다.

예 あの歌手(かしゅ)は有名(ゆうめい)じゃありません。 저 가수는 유명하지 않아요.

~でした(~だったんです) | ~했어요

'~했습니다, ~했어요'라고 할 때는 な형용사의 기본형에서 「だ」를 빼고 「でした」나 「だったです」를 붙이면 됩니다.

예 試験(しけん)は簡単(かんたん)でした。 시험은 간단했어요.

~じゃありませんでした(じゃなかったです) | ~지 않았습니다

'~지 않았어요, ~지 않았습니다'라고 할 때는, な형용사의 기본형에서 「だ」를 빼고 「じゃ[では]ありませんでした」「じゃ[では]なかったです」를 붙이면 됩니다.

예 試験(しけん)は簡単(かんたん)じゃありませんでした。 시험은 간단하지 않았어요.

~な | ~한

명사 앞에 와서 명사를 꾸며주는 경우에는 な형용사의 기본형에서 「だ」를 빼고 「な」를 붙이면 됩니다.

예 きれいな部屋(へや)ですね。 깨끗한 방이네요.

~に | ~하게, ~히

'~하게, ~히'라고 할 때는 な형용사의 기본형에서 「だ」를 빼고 「に」를 붙입니다. な형용사의 부사 형태가 됩니다.

예 きれいに書(か)いてください。 깨끗하게 써 주세요.

~になる | ~해지다 / ~해질 것이다

'~해지다'라고 할 때는 な형용사의 기본형에서 「だ」를 빼고 「になる」를 붙이면 됩니다.

예 もう元気(げんき)になる。 이제 건강해지다.

~で | ~하고, ~해서

'~하고, ~해서'라고 할 때는 な형용사의 기본형에서 「だ」를 빼고 「で」를 붙이면 됩니다.

예 交通(こうつう)も便利(べんり)で静(しず)かです。 교통도 편리하고 조용합니다.

~だろう | ~하겠지 / ~할 것이다

'~하겠지, ~할 것이다'라고 할 때는 な형용사의 기본형에서 「だ」를 빼고 「だろう」를 붙이면 됩니다.

예 日曜日(にちようび)は暇(ひま)だろう。 일요일은 한가하겠지.

~でしょう | ~겠지요 / ~할 것입니다

'~겠지요, ~할 것입니다'라고 할 때는 な형용사의 기본형에서 「だ」를 빼고 「でしょう」를 붙이면 됩니다.

예 日曜日(にちようび)は暇(ひま)でしょう。 일요일은 한가하겠지요.

확인문제

1 빈칸에 들어갈 알맞은 것을 골라 보세요.

① 彼女^{かのじょ}はあまり_____ありません。

    ① きれいく   ② きれいに   ③ きれいで   ④ きれいじゃ

② 金^{キム}さんは日本語^{にほんご}が_____です。

    ① 上手^{じょうず}だ   ② 上手に   ③ 上手   ④ 上手じゃ

③ あの店^{みせ}は_____、安^{やす}いです。

    ① 親切^{しんせつ}だ   ② 親切で   ③ 親切   ④ 親切に

④ _____歌手^{かしゅ}はだれですか。

    ① 好^すきな   ② 好きだ   ③ 好きで   ④ 好きに

⑤ 昨日^{きのう}は大変^{たいへん}_____。

    ① です   ② じゃない   ③ でした   ④ ではありません

② 주어진 단어를 이용하여 일본어로 써 넣어 보세요.

① 김 씨는 핸섬한 사람이에요. (ハンサムだ)

金^{キム}さんは＿＿＿＿＿＿＿＿＿＿＿人^{ひと}です。

② 조용히 해 주세요. (静^{しず}かだ)

＿＿＿＿＿＿＿＿＿＿＿してください。

③ 시험은 간단했어요. (簡単^{かんたん}だ)

試験^{しけん}は＿＿＿＿＿＿＿＿＿＿＿。

④ 저 가게는 유명하고 맛있습니다. (有名^{ゆうめい}だ)

あの店^{みせ}は＿＿＿＿＿＿＿＿＿＿＿、おいしいです。

⑤ 학생시절에는 별로 성실하지 않았어요. (まじめだ)

学生時代^{がくせいじだい}はあまり＿＿＿＿＿＿＿＿＿＿＿。

な형용사

静かだ
조용하다

にぎやかだ
번화하다, 번잡하다

真面目だ
성실하다

不真面目だ
불성실하다

便利だ
편리하다

不便だ
불편하다

親切だ
친절하다

不親切だ
불친절하다

安心だ
안심하다

心配だ
걱정하다

簡単だ
간단하다

複雑だ
복잡하다

あんぜん
安全だ
안전하다

きけん
危険だ
위험하다

す
好きだ
좋아하다

きら
嫌いだ
싫어하다

じょうず
上手だ
잘하다

へた
下手だ
못하다

ハンサムだ
핸섬하다

きれいだ
예쁘다, 깨끗하다

げんき
元気だ
건강하다

じょうぶ
丈夫だ
튼튼하다

だいじょうぶ
大丈夫だ
괜찮다

ゆうめい
有名だ
유명하다

おな
同じだ
같다

りっぱ
立派だ
훌륭하다

동사의 분류

모든 동사는 기본형의 어미가 う단음 즉,「う・く・ぐ・す・つ・ぬ ・ぶ・む・る」로 끝납니다.
그리고 활용 형태에 따라 1그룹동사, 2그룹동사, 3그룹동사, 이렇게 세 종류로 나뉩니다.
몇 그룹에 속하는지에 따라 다르게 변하니까, 우선 기본형을 보고 잘 구별합시다.

문법 파헤치기

♥ 1그룹동사

① 어미가 「る」로 끝나지 않는 경우 (어미가 「う・く・ぐ・す・つ・ぬ・ぶ・む」인 동사)

예
買う 사다　　　行く 가다　　　急ぐ 서두르다　　　話す 얘기하다
待つ 기다리다　死ぬ 죽다　　　呼ぶ 부르다　　　読む 읽다

② 어미가 「る」로 끝나면서 바로 앞의 음이 あ단, う단, お단음인 경우

예
終わる 끝나다　　降る 내리다　　登る 올라가다

③ 모양은 2그룹동사처럼 생겼으나 예외적으로 1그룹동사로 활용하는 것들이 있는데, 이것은 그냥 외워두도록 합시다.

예
帰る 돌아가다　　入る 들어가다　　切る 자르다　　知る 알다

♥ **2그룹동사**

어미가 「る」로 끝나면서, 바로 앞의 음이 い단음이나 え단음인 경우

예 起きる 일어나다　　見る 자다　　寝る 자다　　食べる 먹다

♥ **3그룹동사 (불규칙동사)**

불규칙하게 활용하는 동사로, 「する(하다)」와 「来る(오다)」 두 개뿐입니다.

「る」로 끝나는 동사는 몇 그룹동사인지 잘 살펴봐야 합니다. 특히 「る」로 끝나는 1그룹동사는 주의하세요. 동사를 구분하려면 우선 행과 단이 뭔지 알아야겠죠?

	あ단	い단	う단	え단	お단
あ행	あ	い	う	え	お
か행	か	き	く	け	こ
が행	が	ぎ	ぐ	げ	ご
さ행	さ	し	す	せ	そ
ざ행	ざ	じ	ず	ぜ	ぞ
た행	た	ち	つ	て	と
だ행	だ	ぢ	づ	で	ど
な행	な	に	ぬ	ね	の
は행	は	ひ	ふ	へ	ほ
ば행	ば	び	ぶ	べ	ぼ
ぱ행	ぱ	ぴ	ぷ	ぺ	ぽ
ま행	ま	み	む	め	も
や행	や		ゆ		よ
ら행	ら	り	る	れ	ろ
わ행	わ				を

확인문제

1 ( ) 안에 알맞은 글자를 써 넣어 보세요.

① か행의 い단음은? ( )

② さ행의 え단음은? ( )

③ た행의 う단음은? ( )

④ が행의 い단음은? ( )

⑤ な행의 お단음은? ( )

⑥ は행의 あ단음은? ( )

⑦ ま행의 え단음은? ( )

⑧ わ행의 あ단음은? ( )

⑨ ら행의 い단음은? ( )

⑩ ば행의 う단음은? ( )

2 다음 동사를 1그룹동사, 2그룹동사, 3그룹동사로 구분해 보세요.

예 言う 말하다 → 1그룹동사

① 出る 나가다 →

② 見る 보다 →

③ 持つ 가지다, 들다 →

④ 勉強する 공부하다 →

⑤ 帰る 돌아가다 →

⑥ 終わる 끝나다 →

⑦ 食べる 먹다 →

⑧ 降る (눈·비가) 오다 →

⑨ 来る 오다 →

⑩ 入る 들어가다, 들어오다 →

어휘부사

1그룹동사

(電車に)乗る
(전철을) 타다

(家に)帰る
(집에) 돌아가다

(音楽を)聞く
(음악을) 듣다

(学校へ)行く
(학교에) 가다

(手紙を)書く
(편지를) 쓰다

(タクシーを)呼ぶ
(택시를) 부르다

(料理を)作る
(요리를) 만들다

(友達に)会う
(친구를) 만나다

(友達と)遊ぶ
(친구와) 놀다

(タバコを)吸う
(담배를) 피우다

(かばんを)買う
(가방을) 사다

(ジュースを)飲む
(주스를) 마시다

(本を)読む
(책을) 읽다

2그룹동사

(7時に)起きる
(7시에) 일어나다

(ご飯を)食べる
(밥을) 먹다

(11時に)寝る
(11시에) 자다

(映画を)見る
(영화를) 보다

3그룹동사

(会社に)来る
(회사에) 오다

(勉強を)する
(공부를) 하다

동사 ます형

제05강

동사에 「ます」가 붙으면 '~니다, ~할 것입니다, ~하겠습니다'와 같이, 현재형이나 미래형뿐만 아니라 의지표현도 나타낼 수 있습니다. 그럼, 동사 ます형은 어떻게 만드는지 알아봅시다.

 문법 파헤치기

~ます	~합니다, ~하겠습니다

'~니다, ~할 것입니다, ~겠습니다'라고 할 때는 동사에 「ます」를 붙여서 정중하게 말합니다. '~합니까?'라고 물어볼 때는 「~ますか」라고 하면 됩니다.

1그룹동사 (어미 → い단음＋ます)	会あう 만나다	→	会あいます 만납니다
	送おくる 보내다	→	送おくります 보냅니다
	待まつ 기다리다	→	待まちます 기다립니다
	帰かえる 돌아가다	→	帰かえります 돌아갑니다
2그룹동사 (る 빼고＋ます)	見みる 보다	→	見みます 봅니다
	食たべる 먹다	→	食たべます 먹습니다
	起おきる 일어나다	→	起おきます 일어납니다

| 3그룹동사
(무조건 암기) | する 하다 | → | します 합니다 |
| | 来くる 오다 | → | 来きます 옵니다 |

예 会社で仕事をします。 회사에서 일을 합니다.
かいしゃ しごと

毎朝 7 時に起きます。 매일 아침 7시에 일어납니다.
まいあさしちじ お

電車で家へ帰ります。 전철로 집에 돌아갑니다.
でんしゃ うち かえ

> 우리말은 '집에 가다, 학교에 가다, 일본에 가다'와 같이 모두 '가다'라는 동사를 쓰지만, 일본어로 '집에 가다'라고
> 할 때는 「帰(かえ)る(돌아가다)」라고 해야 합니다. '학교에 가다, 회사에 가다'라고 할 때는 「行(い)く(가다)」라는 동사
> 를 쓰지만, '집에 가다'라고 할 때는 「行く」라는 동사를 쓰지 않는 것에 주의하세요!

～ません ｜ ～지 않습니다

'～지 않습니다, ～지 않을 것입니다, ～지 않겠습니다'라고 할 때는 동사에 「ません」을 붙이면
됩니다.

1그룹동사 (어미 → い단음 + ません)	会あう 만나다	→	会あいません 만나지 않습니다
	送おくる 보내다	→	送おくりません 보내지 않습니다
	待まつ 기다리다	→	待まちません 기다리지 않습니다
	帰かえる 돌아가다	→	帰かえりません 돌아가지 않습니다
2그룹동사 (る 빼고 + ません)	見みる 보다	→	見みません 보지 않습니다
	食たべる 먹다	→	食たべません 먹지 않습니다
	起おきる 일어나다	→	起おきません 일어나지 않습니다
3그룹동사 (무조건 암기)	する 하다	→	しません 안 합니다
	来くる 오다	→	来きません 안 옵니다

예 お酒は飲み<u>ません</u>。 술은 마시지 않습니다.

映画でも見<u>ませんか</u>。 영화라도 보지 않겠어요?

今日、山田さんは来<u>ません</u>。 오늘 야마다 씨는 오지 않아요.

～ました | ～했습니다

'～했습니다, ～했어요'라고 할 때는「～ました」를 붙여서 과거형을 나타냅니다. '～했나요?'라고
물어볼 때는「～ましたか」라고 하면 됩니다.

1그룹동사 (어미 → い단음 + ました)	会あう 만나다	→	会あいました 만났습니다
	送おくる 보내다	→	送おくりました 보냈습니다
	待まつ 기다리다	→	待まちました 기다렸습니다
	帰かえる 돌아가다	→	帰かえりました 돌아갔습니다
2그룹동사 (る 빼고 + ました)	見みる 보다	→	見みました 봤습니다
	食たべる 먹다	→	食たべました 먹었습니다
	起おきる 일어나다	→	起おきました 일어났습니다
3그룹동사 (무조건 암기)	する 하다	→	しました 했습니다
	来くる 오다	→	来きました 왔습니다

예 昨日友達に会い<u>ました</u>。 어제 친구를 만났습니다.

朝御飯は八時に食べ<u>ました</u>。 아침밥은 8시에 먹었어요.

先週は友達と一緒に旅行をし<u>ました</u>。 지난주는 친구와 함께 여행을 했습니다.

～ませんでした | ～지 않았습니다

'～하지 않았습니다, ～하지 않았어요'라고 할 때는「～ませんでした」를 붙입니다.

1그룹동사 (어미 → い단음 +ませんでした)	会ぁう 만나다	→	会ぁいませんでした 만나지 않았습니다
	送ぉくる 보내다	→	送ぉくりませんでした 보내지 않았습니다
	待まつ 기다리다	→	待まちませんでした 기다리지 않았습니다
	帰かえる 돌아가다	→	帰かえりませんでした 돌아가지 않았습니다
2그룹동사 (る 빼고 +ませんでした)	見みる 보다	→	見みませんでした 보지 않았습니다
	食たべる 먹다	→	食たべませんでした 먹지 않았습니다
3그룹동사 (무조건 암기)	する 하다	→	しませんでした 안 했습니다
	来くる 오다	→	来きませんでした 안 왔습니다

例 夕べは何も食べ<u>ませんでした</u>。 어젯밤은 아무것도 먹지 않았어요.

今朝、新聞を読み<u>ませんでした</u>。 오늘 아침, 신문을 읽지 않았어요.

昨日は勉強し<u>ませんでした</u>。 어제는 공부하지 않았어요.

▌「~ましょう」 ~합시다, 「~ましょうか」 ~할까요?

毎朝まいあさ 매일 아침 | 7時しちじ 7시 | 起ぉきる 일어나다 | 電車でんしゃ 전철 | 家うち 집 | 帰かえる 돌아가다 | お酒さけ 술 | 飲のむ 마시다 | 映画えいが 영화 | 見みる 보다 | 昨日きのう 어제 | 友達ともだち 친구 | ~に会ぁう ~를 만나다 | 夕ゆうべ 어젯밤 | 何なにも 아무것도 | 食たべる 먹다

단어

확인문제

1 빈칸에 들어갈 알맞은 것을 골라 보세요.

① 昨日は何時に_____か。

 ① 寝ます ② 寝ました ③ 寝ません ④ 寝ましょう

② 私はコーヒーは全然_____。

 ① 飲みます ② 飲みました ③ 飲みません ④ 飲む

③ 明日は何を_____か。

 ① しました ② します ③ しません ④ しませんでした

④ 夕べは何も_____ませんでした。

 ① 食べる ② 食べ ③ 食べり ④ 食べた

⑤ 友達にメールを_____ます。

 ① 送る ② 送 ③ 送り ④ 送きり

2 주어진 단어를 이용하여 일본어로 써 넣어 보세요.

① 밥을 먹을까요? (食べる)

ごはんを_____。

② 백화점에서 가방을 샀습니다. (買う)

デパートでかばんを_____。

③ 어제는 아무데도 가지 않았습니다. (行く)

昨日はどこへも_____。

④ 야마다 씨, 무언가 마시지 않겠습니까? (飲む)

山田さん、何か_____。

⑤ 매일 일본어 공부를 합니다. (する)

毎日日本語の勉強を_____。

ます형의 문형

 ## 문법 파헤치기

~たい / ~たがる　　　　　　　　　　　　　　~고 싶다 / ~고 싶어 하다

자신이 ~하고 싶다고 하거나, 상대방에게 ~하고 싶은지 물어볼 때는 「동사 ます형+たい(~고 싶다)」로 표현하고, '제3자가 ~하고 싶어 하다'라고 할 때는 「동사 ます형+たがる(~하고 싶어 하다)」로 표현합니다. 그리고 「~たい」 자체는 い형용사 활용을 하고, 「~たがる」는 1그룹동사 활용을 합니다.

1그룹동사 (어미 → い단음 +たい)	会あう 만나다	→	会あいたい 만나고 싶다
	送おくる 보내다	→	送おくりたい 보내고 싶다
	待まつ 기다리다	→	待まちたい 기다리고 싶다
	帰かえる 돌아가다	→	帰かえりたい 돌아가고 싶다
2그룹동사 (る 빼고 +たい)	見みる 보다	→	見みたい 보고 싶다
	食たべる 먹다	→	食たべたい 먹고 싶다
	起おきる 일어나다	→	起おきたい 일어나고 싶다
3그룹동사 (무조건 암기)	する 하다	→	したい 하고 싶다
	来くる 오다	→	来きたい 오고 싶다

「〜たい」는 い형용사 활용을 합니다

반말체	정중체
〜たい ~고 싶다	〜たいです ~고 싶습니다
〜たくない ~고 싶지 않다	〜たくないです (〜たくありません) ~고 싶지 않습니다
〜たかった ~고 싶었다	〜たかったです ~고 싶었습니다
〜たくなかった ~고 싶지 않았다	〜たくなかったです (〜たくありませんでした) ~고 싶지 않았습니다

예 私は水を飲みたい。 나는 물을 마시고 싶다.

週末は何をしたいですか。 주말은 무엇을 하고 싶은가요?

旅行に行きたいです。 여행을 가고 싶어요.

「〜たがる」는 1그룹동사 활용을 합니다.

반말체	정중체
〜たがる ~고 싶어 하다	〜たがります (〜たがるんです) ~고 싶어 합니다
〜たがらない ~고 싶어 하지 않다	〜たがりません (〜たがらないんです) ~고 싶어 하지 않습니다
〜たがっている ~고 싶어 하고 있다	〜たがっています (〜たがっているんです) ~고 싶어 하고 있습니다
〜たがっていない ~고 싶어 하고 있지 않다	〜たがっていません (〜たがっていないんです) ~고 싶어 하고 있지 않습니다
〜たがった ~고 싶어 했다	〜たがりました (〜たがったんです) ~고 싶어 했습니다
〜たがらなかった ~고 싶어 하지 않았다	〜たがりませんでした (〜たがらなかったんです) ~고 싶어 하지 않았습니다

例 私は今何も食べたくない。 나는 지금 아무것도 먹고 싶지 않다.

あの映画は見たくありません。 저 영화는 보고 싶지 않아요.

子供はだれでもお菓子を食べたがる。 아이는 누구라도 과자를 먹고 싶어 한다.

妹はこの映画を見たがっています。 여동생은 이 영화를 보고 싶어 하고 있습니다.

동사 ます형 · 동작형 명사 + に行く[来る] | ～하러 가다[오다]

「行く(가다)」「来る(오다)」「帰る(돌아가다)」와 같은 동사가 오는 경우, 동사 ます형에 「に」가 연결되어 '～하러'라는 목적의 의미로 쓰입니다. 「買い物(쇼핑)」「スキー(스키)」「旅行(여행)」등과 같은 동작성 명사에는 그대로 「に」가 연결되어 '～하러 가다[오다 · 돌아가다]'의 뜻이 됩니다.

例 昼御飯、食べに行きませんか。 점심밥 먹으러 가지 않겠습니까?

本を買いに行きました。 책을 사러 갔습니다.

日本へ旅行に行きたいです。 일본에 여행을 가고 싶습니다.

お金を借りに来ました。 돈을 빌리러 왔습니다.

何をしに来ましたか。 무엇을 하러 왔습니까?

동사 ます형 + ながら | ～하면서 〈동시 동작〉

'～하면서'라는 의미의 동시 동작을 나타낼 때는 동사 ます형에 「ながら」를 붙입니다.

1그룹동사 (어미 → い단음 + ながら)	会あう 만나다 →	会あいながら 만나면서
	送おくる 보내다 →	送おくりながら 보내면서
	待まつ 기다리다 →	待まちながら 기다리면서
	帰かえる 돌아가다 →	帰かえりながら 돌아가면서

2그룹동사 (る 빼고＋ながら)	見みる 보다 → 見みながら 보면서
	食たべる 먹다 → 食たべながら 먹으면서
	起おきる 일어나다 → 起おきながら 일어나면서
3그룹동사 (무조건 암기)	する 하다 → しながら 하면서
	来くる 오다 → 来きながら 오면서

例 新聞しんぶんを読よみながら、ご飯はんを食たべます。 신문을 읽으면서 밥을 먹습니다.

音楽おんがくを聞ききながら、お茶ちゃを飲のむ。 음악을 들으면서 차를 마신다.

山田やまださんは歌うたを歌うたいながら、掃除そうじをします。
야마다 씨는 노래를 부르면서 청소를 합니다.

水みず 물｜飲のむ 마시다｜週末しゅうまつ 주말｜何なに 무엇｜今いま 지금｜食たべる 먹다｜コーヒー 커피｜子供こども 아이｜だれでも 누구라도｜お菓子かし 과자｜妹いもうと 여동생｜映画えいが 영화｜昼御飯ひるごはん 점심밥｜行いく 가다｜本ほん 책｜買かう 사다｜日本にほん 일본｜旅行りょこう 여행｜お金かね 돈｜借かりる 빌리다｜新聞しんぶん 신문｜読よむ 읽다｜ご飯はん 밥｜音楽おんがく 음악｜聞きく 듣다｜お茶ちゃ 차｜歌うた 노래｜歌うたう 부르다｜掃除そうじ 청소

단어

확인문제

1 빈칸에 들어갈 알맞은 것을 골라 보세요.

① 私はテレビを_____ながら、ごはんを食べます。

  ① 見る   ② 見   ③ 見て   ④ 見た

② 明日はゆっくり_____たいです。

  ① 休み   ② 休む   ③ 休ま   ④ 休め

③ 弟は日本に_____たがっています。

  ① 行く   ② 行き   ③ 行か   ④ 行っ

④ 土曜日はデパートへかばんを_____に行きます。

  ① 買う   ② 買った   ③ 買え   ④ 買い

⑤ 今は何も_____ない。

  ① 飲みたい   ② 飲みたく   ③ 飲みたいじゃ   ④ 飲みた

② 주어진 단어를 이용하여 일본어로 써 넣어 보세요.

① 커피를 마시면서 전화를 한다. (飲む)

コーヒーを＿＿＿＿＿＿＿＿＿＿、電話をする。

② 오늘 점심은 무엇을 먹고 싶습니까? (食べる)

今日の昼御飯は何を＿＿＿＿＿＿＿＿＿＿。

③ 영화를 보러 갈 겁니다. (見る)

映画を＿＿＿＿＿＿＿＿＿＿。

④ 주말에는 무엇을 하고 싶습니까? (する)

週末には何を＿＿＿＿＿＿＿＿＿＿。

⑤ 밥을 먹으러 식당에 갔습니다. (食べる)

ご飯を＿＿＿＿＿＿＿＿＿＿、食堂へ行きました。

동사 て형

동사를 「て」에 연결하면 '~하고, ~해서'라는 뜻을 나타내어, 한 문장에 동사를 2개 이상 연결해서 좀더 자연스럽게 표현할 수 있습니다. 그러나 1그룹동사의 경우, 「~ます(~입니다)」에 연결될 때와는 다르게 발음의 변화가 일어나는데, 이를 '음편현상'이라고 합니다. 다행히도 2그룹동사와 3그룹동사의 경우에는 음편현상이 일어나지 않습니다. 그래서 2그룹동사와 3그룹동사는 「~ます」에 접속할 때와 같은 형태로 연결하면 됩니다.

문법 파헤치기

1그룹 동사	く → いて ぐ → いで	書かく 쓰다 泳およぐ 수영하다	→ →	書かいて 쓰고, 써서 泳およいで 수영하고	
	う・つ・る →って	買かう 사다 待まつ 기다리다 送おくる 보내다	→ → →	買かって 사고, 사서 待まって 기다리고 送おくって 보내고, 보내서	
	ぬ・む・ぶ →んで	死しぬ 죽다 飲のむ 마시다 呼よぶ 부르다	→ → →	死しんで 죽고, 죽어서 飲のんで 마시고 呼よんで 부르고, 불러서	
	いく → いって	行いく 가다	→	行いって 가고, 가서	
	す → して	話はなす 얘기하다	→	話はなして 얘기하고, 얘기해서	
2그룹 동사	る 빼고 + て	見みる 보다 食たべる 먹다	→ →	見みて 보고, 봐서 食たべて 먹고, 먹어서	

3그룹 동사	する 하다 → して 하고, 해서
	来くる 오다 → 来きて 오고, 와서

例 朝6時に起きて、ジョギングします。 아침 6시에 일어나서 조깅합니다.

ご飯を食べて、コーヒーを飲みました。 밥을 먹고 커피를 마셨습니다.

友達に会って、映画を見る。 친구를 만나서 영화를 본다.

うちへ帰って、晩御飯を食べます。 집에 돌아가서 저녁밥을 먹습니다.

バスに乗って会社へ行きます。 버스를 타고, 회사에 갑니다.

'돌아가다'의 「帰る」는 모양은 2그룹동사지만, 외워둬야 하는 1그룹동사! '돌아갑니다'는 「帰ります」가 되고, '돌아가서'는 「帰りて」가 아니라 「帰って」가 된다는 것 반드시 알아두세요!
'친구를 만나다'의 「友達に会う」와 '버스를 타다' 「バスに乗る」는 우리말 조사 '을, 를'에 해당하지만, 일본어에서는 「を」가 아니라 「に」를 쓰는 점에 주의하세요.

1 빈칸에 들어갈 알맞은 것을 골라 보세요.

① 朝_____、ジョギングします。

　① 起きた　　　② 起きて　　　③ 起きる　　　④ 起きます

② 友達に_____、映画を見る。

　① 会う　　　　② 会いて　　　③ 会って　　　④ 会いって

③ 家へ_____ご飯を食べました。

　① 帰て　　　　② 帰りて　　　③ 帰いて　　　④ 帰って

④ ご飯を_____コーヒーを飲みました。

　① 食べって　　② 食べて　　　③ 食べいて　　④ 食べで

⑤ 日本へ_____、勉強します。

　① 行いて　　　② 行きて　　　③ 行って　　　④ 行くて

2 주어진 단어를 이용하여 일본어로 써 넣어 보세요.

① 밥을 먹고 (ご飯を食べる)

_____

② 음악을 듣고 (音楽を聞く)

_____

③ 커피를 마시고 (コーヒーを飲む)

_____

④ 회사에 가서 (会社へ行く)

_____

⑤ 일찍 와서 (早く来る)

_____

て형의 문형

 문법 파헤치기

~てください | ~해 주세요

'~해 주세요, ~하세요'라고 부드럽게 명령하거나 의뢰할 때는 동사에 「~てください」를 붙이면 됩니다. 친구 사이처럼 친근한 사이에서는 그냥 「~て(~해)」라고 합니다. 그리고 조금 더 정중하게 말할 때는 「~てくださいませんか(~해 주시지 않겠습니까?)」라고 합니다.

1그룹동사	く → いて ぐ → いで	書かく 쓰다 急いそぐ 서두르다	→ →	書かいてください 써 주세요 急いそいでください 서둘러 주세요
	う・つ・る → って	買かう 사다 持もつ 들다 送おくる 보내다	→ → →	買かってください 사 주세요 持もってください 들어 주세요 送おくってください 보내 주세요
	ぬ・む・ぶ →んで	死しぬ 죽다 飲のむ 마시다 呼よぶ 부르다	→ → →	死しんでください 죽어 주세요 飲のんでください 마셔 주세요 呼よんでください 불러 주세요
	いく → いって	行いく 가다	→	行いってください 가 주세요
	す → して	話はなす 얘기하다	→	話はなしてください 얘기해 주세요
2그룹동사	る 빼고 + て	見みる 보다	→	見みてください 봐 주세요
3그룹동사	する 하다 → してください 해 주세요 来くる 오다 → 来きてください 와 주세요			

예 日本語で書いてください。 일본어로 써 주세요.

バスで来てください。 버스로 오세요.

毎日勉強してください。 매일 공부하세요.

私も連れて行ってくださいませんか。 저도 데리고 가 주시지 않겠어요?

お医者さんを呼んでくださいませんか。 의사 선생님을 불러 주시지 않겠어요?

～てから | ～하고 나서

'～하고 나서'라고 할 때는 「～てから」라고 하면 됩니다.

1그룹동사	く → いて ぐ → いで	書かく 쓰다 → 泳およぐ 수영하다 →	書かいてから 쓰고 나서 泳およいでから 수영하고 나서
	う・つ・る → って	買かう 사다 → 待まつ 기다리다 → 送おくる 보내다 →	買かってから 사고 나서 待まってから 기다리고 나서 送おくってから 보내고 나서
	ぬ・む・ぶ → んで	死しぬ 죽다 → 飲のむ 마시다 → 呼よぶ 부르다 →	死しんでから 죽고 나서 飲のんでから 마시고 나서 呼よんでから 부르고 나서
	いく → いって	行いく 가다 →	行いってから 가고 나서
	す → して	話はなす 얘기하다 →	話はなしてから 얘기하고 나서
2그룹동사	る 빼고 + て	見みる 보다 →	見みてから 보고 나서
3그룹동사	する 하다 → してから 하고 나서 来くる 오다 → 来きてから 오고 나서		

예 この薬はご飯を食べてから、飲んでください。 이 약은 밥을 먹고 나서 먹으세요.

> 밥이나 음식 등을 '먹다'라고 할 때는 「食(た)べる(먹다)」라는 동사를 쓰지만, '약을 먹다'라고 할 때는 「食べる」라고
> 하지 않고, '마시다'라는 동사 「飲(の)む」를 씁니다.

예 学院で日本語の勉強をしてから、家へ帰ります。
학원에서 일본어 공부를 하고 나서 집에 돌아갑니다.

お風呂に入ってから、寝ました。목욕을 하고 나서 잤습니다.

授業が終わってから、映画を見ませんか。수업이 끝나고 나서 영화를 보지 않을래요?

～たあとで | ～한 다음에, ~한 후에

동사 た형에 「あとで」를 붙이면 '~한 후에'라는 의미가 되며, '~가 끝난 다음에'라는 완료적인 느낌을 줍니다. 명사에 연결되는 경우에는 「명사+のあとで」가 되어 '~후에'라는 뜻이 됩니다.

1그룹동사	く → いた ぐ → いだ	書かく 쓰다 → 泳およぐ 수영하다 →	書かいたあとで 쓴 다음에 泳およいだあとで 수영한 다음에
	う・つ・る → った	買かう 사다 → 打うつ 치다 → 送おくる 보내다 →	買かったあとで 산 다음에 打うったあとで 친 다음에 送おくったあとで 보낸 다음에
	ぬ・む・ぶ → んだ	死しぬ 죽다 → 読よむ 읽다 → 呼よぶ 부르다 →	死しんだあとで 죽은 다음에 読よんだあとで 읽은 다음에 呼よんだあとで 부른 다음에
	いく → いった	行いく 가다 →	行いったあとで 간 다음에
	す → した	消けす 지우다 →	消けしたあとで 지운 다음에
2그룹동사	る 빼고 + た	見みる 보다 →	見みたあとで 본 다음에
3그룹동사	する 하다 → したあとで 한 다음에 来くる 오다 → 来きたあとで 온 다음에		

예 会社が終わった後で、いっぱい飲みましょう。회사가 끝난 다음에 한잔 마십시다.

掃除をした後で、デパートへ行きます。청소를 한 다음에 백화점에 갑니다.

仕事の後で、会いましょうか。일이 끝난 후에 만날까요?

ごはんを食べた後で、散歩をします。밥을 먹은 후에 산책을 합니다.

~前に　　　　　　　　　　　　　　　　　　　~하기 전에

'~하기 전에'라고 할 때는 동사 기본형에 「前(まえ)に」를 그대로 붙이면 됩니다. 그리고 명사에 연결해서 '~전에'라고 할 때는 명사에 「の前に」를 붙이면 됩니다. 즉, '수업 전에'라고 할 때는 「授業(じゅぎょう)の前に」라고 하면 됩니다.

1그룹동사	会あう 만나다	→	会あうまえに 만나기 전에
	飲のむ 마시다	→	飲のむまえに 마시기 전에
	行いく 가다	→	行いくまえに 가기 전에
	帰かえる 돌아가다	→	帰かえるまえに 돌아가기 전에
2그룹동사	見みる 보다	→	見みるまえに 보기 전에
	食たべる 먹다	→	食たべるまえに 먹기 전에
	起おきる 일어나다	→	起おきるまえに 일어나기 전에
3그룹동사	する 하다	→	するまえに 하기 전에
	来くる 오다	→	来くるまえに 오기 전에

例　毎晩寝る前に、体操をします。 매일 밤 자기 전에 체조를 합니다.

家へ帰る前に、日本語を習います。 집에 돌아가기 전에 일본어를 배웁니다.

食事をする前に、手を洗います。 식사를 하기 전에 손을 씻습니다.

テストの前に、勉強します。 시험 전에 공부합니다.

단어

日本語にほんご 일본어 | バス 버스 | 毎日まいにち 매일 | 勉強べんきょうする 공부하다 | 連つれて行いく 데리고 가다 | お医者いしゃさん 의사 선생님 | 薬くすり 약 | ご飯はん 밥 | 学院がくいん 학원 | 家うち 집 | お風呂ふろに入はいる 목욕을 하다 | 寝ねる 자다 | 終おわる 끝나다 | 会社かいしゃ 회사 | いっぱい 한 잔 | 掃除そうじ 청소 | デパート 백화점 | 仕事しごと 일 | 体操たいそう 체조 | 家うちへ帰かえる 집에 가다 | 習ならう 배우다 | 食事しょくじ 식사 | 手て 손 | 洗あらう 씻다

확인문제

1 빈칸에 들어갈 알맞은 것을 골라 보세요.

① 映画を_____から食事をしましょう。

　① 見た　　　　② 見て　　　　③ 見る　　　　④ 見ている

② 鉛筆で_____てください。

　① 書く　　　　② 書き　　　　③ 書っ　　　　④ 書い

③ ごはんを_____前に、手を洗ってください。

　① 食べる　　　② 食べ　　　　③ 食べた　　　④ 食べます

④ 毎朝運動を_____あとで、会社へ行きます。

　① する　　　　② し　　　　　③ した　　　　④ す

⑤ 今日は早く家へ_____てください。

　① 帰る　　　　② 帰っ　　　　③ 帰　　　　　④ 帰り

② 주어진 단어를 이용하여 일본어로 써 넣어 보세요.

① 이 길을 곧장 가세요. (行く)

この道をまっすぐ＿＿＿＿＿＿＿＿＿＿＿＿＿＿＿＿。

② 메일을 보내 주세요. (送る)

メールを＿＿＿＿＿＿＿＿＿＿＿＿＿＿＿。

③ 수업이 끝나고 나서 집에 돌아갑니다. (終わる)

授業が＿＿＿＿＿＿＿＿＿＿＿＿＿＿、家へ帰ります。

④ 버스를 타기 전에 저에게 전화해주세요. (乗る)

バスに＿＿＿＿＿＿＿＿＿＿＿＿＿＿、私に電話してください。

⑤ 자기 전에 음악을 듣습니다. (寝る)

＿＿＿＿＿＿＿＿＿＿＿＿＿＿、音楽を聞きます。

상태와 진행

 문법 파헤치기

♥ 자동사와 타동사

자동사는 사물이 주어로, 그 사물의 움직임을 나타내는 동사이고, 타동사는 사람이 주어로, 대상이 되는 사물에 작용하는 동작을 나타내는 동사입니다. 그리고 자동사 앞에는 조사 「が(이, 가)」가 오고, 타동사 앞에는 조사 「を(을, 를)」가 옵니다. 특히, 일본어의 자동사와 타동사는 같은 한자를 쓰면서 쌍으로 갖고 있는 경우가 많습니다. 기본적으로 많이 쓰이는 자동사와 타동사의 예를 살펴봅시다.

타동사	자동사
ドアを開ぁける 문을 열다	ドアが開ぁく 문이 열리다
窓まどを閉しめる 창문을 닫다	窓が閉しまる 창문이 닫히다
車くるまを止とめる 차를 세우다	車が止とまる 차가 서다
授業じゅぎょうを終おえる 수업을 끝내다	授業が終おわる 수업이 끝나다
電気でんきを付つける 전기를 켜다	電気が付つく 전기가 켜지다
授業じゅぎょうを始はじめる 수업을 시작하다	授業が始はじまる 수업이 시작되다
お金かねを入いれる 돈을 넣다	お金が入はいる 돈이 들어가다

書類<small>しょるい</small>を並<small>なら</small>べる 서류를 나열하다	書類が並<small>なら</small>ぶ 서류가 나열되다
鍵<small>かぎ</small>をかける 자물쇠를 잠그다	鍵がかかる 자물쇠가 잠기다
電気<small>でんき</small>を消<small>け</small>す 전기를 끄다	電気が消<small>き</small>える 전기가 꺼지다

타동사 + ている 　　　　　　　　　　│ ～고 있다 〈동작의 진행〉

타동사에 「ている」가 붙어서 '지금 ～하고 있는 중'이라는 의미가 됩니다.

예 山田<small>やまだ</small>さんは今<small>いま</small>、何<small>なに</small>を<u>しています</u>か。 야마다 씨는 지금 무엇을 하고 있습니까?

コーヒーを飲<small>の</small><u>んでいます</u>。 커피를 마시고 있어요.

電話<small>でんわ</small>をかけ<u>ています</u>。 전화를 걸고 있어요.

仕事<small>しごと</small>を<u>しています</u>。 일을 하고 있어요.

～ている 　　　　　　　　　　　　　│ ～해 있다 (～했다) 〈완료된 상태〉

단어에 따라서는 「ている」가 붙어서 '지금 ～해 있는 상태'라는 의미가 되는 경우가 있습니다.

예 今結婚<small>いまけっこん</small><u>しています</u>か。 지금 결혼했나요?

私<small>わたし</small>の弟<small>おとうと</small>は卒業<small>そつぎょう</small><u>しています</u>。 제 남동생은 졸업했습니다.

> 결혼 여부를 물어볼 때는 「～ている(~고 있다)」의 형태를 써서, 「結婚しています か」라고 합니다. 대답은 「はい、結婚しています(네, 결혼했어요)」라고 하거나, 「いいえ、結婚していません(아니요, 결혼 안 했습니다)」라고 합니다. 「卒業(そつぎょう)しています」는 '졸업한 상태입니다, 재학생이 아닙니다'라는 뜻의 상태표현입니다. 「卒業(そつぎょう)しました」는 '졸업했습니다'라는 과거표현으로, '~에 졸업했어요'라고 할 때 쓰는 표현입니다.

~ている

~하고 있다, ~했다 〈착용 완료〉

동사에 「ている」가 붙어서 입거나 쓰거나 착용하고 있는 상태도 나타낼 수 있습니다.

예 青いスーツを着ている。 파란 정장을 입고 있다.

スカートをはいている。 스커트를 입고 있다.

靴をはいています。 구두를 신고 있습니다.

眼鏡をかけています。 안경을 쓰고 있습니다.

白い帽子をかぶっています。 하얀 모자를 쓰고 있습니다.

> 한 벌로 된 옷이나 윗도리의 경우에는 「着(き)る」라고 하고, 아랫도리의 경우에는 「はく」라고 해야 합니다. 또한 「はく」는 '신발이나 양말을 신다'라는 뜻도 있습니다.
> '안경을 쓰다'는 「めがねをかける」라고 하고, '모자를 쓰다'는 「ぼうしをかぶる」라고 합니다.

자동사 + ている

~해 있다 〈단순한 상태〉

단지 보이는 모습을 묘사한 것으로, 동작이 행해진 상태에 중점을 두는 표현입니다. 즉, 누가 창문을 열었다든가 바람에 열렸다든가 하는 것은 전혀 문제 삼지 않는 말이지요.

예 窓が開いています。 창문이 열려 있어요.

ドアが閉まっています。 문이 닫혀 있어요.

家の前に車が止まっています。 집 앞에 차가 서 있어요.

타동사 + てある(의도된 상태)

~해져 있다 〈강제 상태〉

타동사에 「てある」가 연결되어, '누군가 어떤 의도나 목적을 가지고 해 놓은 결과가 지금 이루어져 있는 상태'라는 의미입니다. 현재 상태 이전의 어떤 동작에 비중을 두는 표현으로, '~해 두다'로 번역하는 것이 자연스러운 경우가 많습니다. 상태를 나타내는 표현이 되면 조사도 「を(을, 를)」에서 「が(이, 가)」로 바뀌게 됩니다.

예 駐車場に車が止めてあります。 주차장에 차가 세워져 있어요.

ケーキが作ってある。 케이크가 만들어져 있다.

「車(くるま)を止(と)める」는 '차를 세우다'라는 뜻으로, 「車を止めています」는 '차를 세우고 있습니다'라는 동작 중인 표현입니다. 「止める(세우다)」는 타동사로, 「〜が止めてあります」라고 하면 '누군가 차를 세워 놓아서 세워져 있다'라는 상태를 나타내는 표현이 됩니다.
「ケーキを作(つく)っている」는 '케이크를 만들고 있다'라는 동작의 진행을 나타내는 표현으로, 「〜が作ってある」라고 하면 '누군가 만들어 놓아서 만들어져 있다'라는 상태를 나타내는 표현이 됩니다.

단어

コーヒー 커피 | 電話でんわをかける 전화를 걸다 | 仕事しごと 일 | 結婚けっこんする 결혼하다 | 弟おとうと 남동생 | 卒業そつぎょうする 졸업하다 | 青あおい 파랗다 | スーツ 정장 | 着きる 입다 | スカート 스커트 | 靴くつ 신발 | はく 입다, 신다 | めがねをかける 안경을 쓰다 | 白しろい 하얗다 | 帽子ぼうしをかぶる 모자를 쓰다 | 窓まど 창문 | 開あく 열리다 | ドア 문 | 閉しまる 닫히다 | 止とまる 서다, 멈추다 | 駐車場ちゅうしゃじょう 주차장 | 止とめる 세우다 | ケーキ 케이크 | 作つくる 만들다

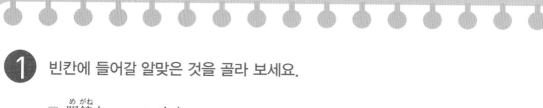

확인문제

1 빈칸에 들어갈 알맞은 것을 골라 보세요.

① 眼鏡を_____います。

   ① かぶって　　　② かけて　　　③ はいて　　　④ 着て

② 今、テレビを見て_____。

   ① あります　　　② ある　　　③ います　　　④ あった

③ ワンピースを_____います。

   ① はいて　　　② かぶって　　　③ 着て　　　④ かけて

④ 窓が開いて_____。

   ① います　　　② あります　　　③ ある　　　④ あった

⑤ 車を止めて_____。

   ① います　　　② あります　　　③ ある　　　④ あった

2 주어진 단어를 이용하여 일본어로 써 넣어 보세요.

① 엄마는 요리를 만들고 있다. (作^{っく}る)

母^{はは}は料理^{りょうり}を＿＿＿＿＿＿＿＿＿＿＿＿＿。

② 가방 안에 들어 있어요. (入^{はい}る)

かばんの中^{なか}に＿＿＿＿＿＿＿＿＿＿＿＿＿。

③ 숙제를 하고 있어요. (する)

宿題^{しゅくだい}を＿＿＿＿＿＿＿＿＿＿＿＿＿。

④ 파티 음료수가 사져 있어요.(사 놓았어요) (買^かう)

パーティーの飲^のみ物^{もの}が＿＿＿＿＿＿＿＿＿＿＿＿＿。

⑤ 가방을 들고 있다. (持^もつ)

かばんを＿＿＿＿＿＿＿＿＿＿＿＿＿。

허가와 금지

문법 파헤치기

～てもいい

～해도 좋다 〈허가〉

동사 て형에 「てもいい」를 붙이면 '～해도 좋다, ～해도 된다'라는 허가를 나타내는 표현이 됩니다. '～해도 좋습니다'라고 정중하게 말할 때는 「～てもいいです」라고 하며, '～해도 됩니까?'라고 물어볼 때는 「～てもいいですか」라고 합니다. 또, 「いい」 대신에 「かまわない(상관없다)」「かまいません(상관없습니다)」을 쓸 수도 있습니다.

1그룹 동사	く→いて ぐ→いで	書かく 쓰다 泳およぐ 수영하다	→ 書かいてもいいです 써도 좋습니다 → 泳およいでもいいです 수영해도 좋습니다
	う・つ・る →って	買かう 사다 持もつ 들다 送おくる 보내다	→ 買かってもいいです 사도 좋습니다 → 持もってもいいです 들어도 좋습니다 → 送おくってもいいです 보내도 좋습니다
	ぬ・む・ぶ →んで	死しぬ 죽다 読よむ 읽다 呼よぶ 부르다	→ 死しんでもいいです 죽어도 좋습니다 → 読よんでもいいです 읽어도 좋습니다 → 呼よんでもいいです 불러도 좋습니다
	いく→いって	行いく 가다	→ 行いってもいいです 가도 좋습니다
	す→して	話はなす 얘기하다	→ 話はなしてもいいです 얘기해도 좋습니다

2그룹 동사	る → て	見みる 보다 → 見みてもいいです 봐도 좋습니다 食たべる 먹다 → 食たべてもいいです 먹어도 좋습니다
3그룹 동사	する 하다 → してもいいです 해도 좋습니다 来くる 오다 → 来きてもいいです 와도 좋습니다	

예 食たべてもいい。 먹어도 좋아.

今日きょうは早はやく家うちへ帰かえってもいいですか。 오늘은 일찍 집에 가도 되나요?

ここに座すわってもいいですか。 여기에 앉아도 되나요?

日本語にほんごで話はなしてもいいです。 일본어로 얘기해도 좋습니다.

～てはいけない   ～해서는 안 된다 〈금지〉

'～해서는 안 된다'고 할 때는 동사 て형에 「てはいけない」를 붙이거나 「～てはだめだ」라고 하면
됩니다. '～해서는 안 됩니다'라고 정중하게 말할 때는 「～てはいけません」이나 「～てはだめで
す」라고 하면 됩니다. 「いけません」이 「だめです」보다는 조금 더 강한 느낌을 줍니다.

1그룹 동사	く → いて ぐ → いで	書かく 쓰다 → 泳およぐ 수영하다 →	書かいてはいけません 써서는 안 됩니다 泳およいではいけません 수영해서는 안 됩니다
	う・つ・る →って	買かう 사다 → 持もつ 들다 → 送おくる 보내다 →	買かってはいけません 사서는 안 됩니다 持もってはいけません 들어서는 안 됩니다 送おくってはいけません 보내서는 안 됩니다
	ぬ・む・ぶ →んで	死しぬ 죽다 → 読よむ 읽다 → 呼よぶ 부르다 →	死しんではいけません 죽어서는 안 됩니다 読よんではいけません 읽어서는 안 됩니다 呼よんではいけません 불러서는 안 됩니다
	いく → いって	行いく 가다 →	行いってはいけません 가서는 안 됩니다
	す → して	話はなす 얘기하다 →	話はなしてはいけません 얘기해서는 안 됩니다
2그룹 동사	る 빼고 + て	見みる 보다 → 食たべる 먹다 →	見みてはいけません 봐서는 안 됩니다 食たべてはいけません 먹어서는 안 됩니다

3그룹 동사	する 하다 → してはいけません 해서는 안 됩니다 来くる 오다 → 来きてはいけません 와서는 안 됩니다

예 ここで写真(しゃしん)を撮(と)ってはいけない。 여기에서 사진을 찍어서는 안 된다.

ボールペンで書(か)いてはいけない。 볼펜으로 써서는 안 된다.

試験(しけん)の時(とき)は本(ほん)を見(み)てはいけません。 시험 때는 책을 봐서는 안 됩니다.

授業中(じゅぎょうちゅう)は韓国語(かんこくご)で話(はな)してはだめです。 수업 중에는 한국어로 얘기해서는 안 됩니다.

단어

早はやく 일찍 | 家うちへ帰かえる 집에 가다 | ここ 여기 | 座すわる 앉다 | 日本語にほんご 일본어 | 〜で 〜로 〈수단〉 | 話はなす 얘기하다 | 〜で 〜에서 〈장소〉 | 写真しゃしんを撮とる 사진을 찍다 | 試験しけん 시험 | 時とき 때 | 授業中じゅぎょうちゅう 수업 중 | 韓国語かんこくご 한국어 | ボールペン 볼펜

1 빈칸에 들어갈 알맞은 것을 골라 보세요.

① まだ高校生ですから、お酒を＿＿＿＿はいけません。

　① 飲んで　　　　② 飲んだ　　　　③ 飲み　　　　④ 飲む

② バスで＿＿＿＿もいいです。

　① 行く　　　　　② 行った　　　　③ 行って　　　　④ 行き

③ この本を＿＿＿＿もいいですか。

　① 読む　　　　　② 読んだ　　　　③ 読み　　　　④ 読んで

2 주어진 단어를 이용하여 일본어로 써 넣어 보세요.

① 아직 3시예요. 돌아가서는 안 됩니다. (帰る)

　まだ3時です。＿＿＿＿＿＿＿＿＿＿＿＿＿＿＿。

② 히라가나로 써도 좋습니다. (書く)

　ひらがなで＿＿＿＿＿＿＿＿＿＿＿＿＿＿＿。

③ 혼자서 가도 되나요? (行く)

　一人で＿＿＿＿＿＿＿＿＿＿＿＿＿＿＿。

て형+보조동사

제11강

 ## 문법 파헤치기

～てみる | ～해 보다

동사 て형에 「みる」를 붙이면 '～해 보다' 즉, '한번 시도해 보다'라는 뜻이 됩니다.

📝 インターネットで探_{さが}してみる。 인터넷에서 찾아보다.

もう一度_{いち ど}考_{かんが}えてみます。 한번 더 생각해 보겠습니다.

家_{うち}で料理_{りょうり}を作_{つく}ってみました。 집에서 요리를 만들어 보았습니다.

たべてみてください。 먹어보세요.

～ていく[くる] | ～하고 가다[오다], ～해 가다[오다]

동사 て형에 「いく」가 붙으면, 「～ていく(～해 가다)」라는 뜻이 되어, '앞으로 ～해 가다'라는 시간적 흐름을 나타낼 수도 있습니다. 또, 「～てくる」는 '～해 오다'라는 뜻으로, '과거에서 지금까지 ～해 오다'라는 의미로도 사용될 수 있습니다.

📝 行_いってきます。 다녀오겠습니다.

一年間、日本語の勉強をしてきました。 1년 동안 일본어 공부를 해 왔어요.

映画を見てきます。 영화를 보고 올게요.

私も連れて行ってください。 저도 데려 가세요.

～てしまう　　　　　　　　　　　　　　｜～해 버리다 〈유감·완료〉

「～てしまう」는 '～해 버리다, ～하고 말다'라는 뜻으로, 대체로 유감스러운 일이나 완료되었다는 의미를 나타내는 표현입니다. 회화체에서는 「～てしまう」는 「～ちゃう」로, 「～でしまう」는 「～じゃう」로 줄여서 쓰기도 합니다.

예 授業に遅れてしまった。 수업에 늦고 말았다.

試験に落ちてしまった。 시험에 떨어지고 말았다.

風邪を引いてしまいました。 감기에 걸리고 말았어요.

> '감기에 걸리다'는 「風邪(かぜ)を引(ひ)く」라고 합니다. 감기'에'니까 「に」라는 조사를 쓸 것 같지만, 「ひく」가 '끌다'라는 뜻의 타동사이므로 '을(를)'에 해당하는 조사 「を」를 써야 합니다.

～ておく　　　　　　　　　　　　　　　｜～해 두다 〈사전 준비〉

「～ておく」는 '～해 두다'라는 뜻으로, '미리 ～해 두다'라는 의미가 됩니다.

예 友達が来る前に掃除をしておく。 친구가 오기 전에 청소를 해 두다.

引き出しの中に入れておきました。 서랍 안에 넣어 두었어요.

勉強をしておいてください。 공부를 해 두세요.

料理りょうり 요리 | もう一度いちど 한 번 더 | 考かんがえる 생각하다 | インターネット 인터넷 | 探さがす 찾다 | 授業じゅぎょう 수업 | 遅おくれる 늦다 | 試験しけん 시험 | 落おちる 떨어지다 | 風邪かぜを引ひく 감기에 걸리다 | 友達ともだち 친구 | 引ひき出だし 서랍 | 中なか 안 | 入いれる 넣다

확인문제

1. 빈칸에 들어갈 알맞은 것을 골라 보세요.

① 約束を忘れて_____。

①みました　　②しまいました　　③おきました　　④いきました

② 日本語能力試験を一度受けて_____。

①みます　　②しまいます　　③なります　　④あります

③ 暑いです。窓を開けて_____ください。

①おいて　　②おきて　　③おくて　　④おきた

④ 寒くなって_____。

①おきました　　②きました　　③みました　　④なりました

⑤ 明日から一生懸命勉強して_____。

①きました　　②いきます　　③しまいます　　④なります

2 주어진 단어를 이용하여 일본어로 써 넣어 보세요.

① 제가 전화해 볼게요. (電話する)

　　私が_____。

② 전부 먹고 말았어요. (食べる)

　　全部_____。

③ 호텔을 예약해 두세요. (予約する)

　　ホテルを_____。

④ 역에서 걸어서 왔어요. (歩いてくる)

　　駅から_____。

⑤ 회사는 성장해 갈 겁니다. (成長する)

　　会社は_____。

수수동사

수수동사 즉, 무언가를 주고받는 동사를 말합니다.

 문법 파헤치기

♥ 수수동사 1

やる / あげる / さしあげる	(내가 남에게, 남이 남에게) 주다 / 드리다

「やる(주다)」는 나보다 어린 사람에게 줄 때, 동물에게 먹이를 주거나 꽃에 물을 줄 때 사용하는 동사입니다. '친구에게 주다, ~씨에게 주다'처럼 일반적으로 '주다'라고 할 때는 「あげる」를 쓰면 됩니다. 그리고 주는 사람의 행위를 겸손하게 말할 때는 「さしあげる(드리다)」라고 하면 됩니다. 앞에는 「~に(~에게)」라는 조사가 붙습니다.

例 私は毎日犬にえさをやります。 나는 매일 개에게 먹이를 줍니다.

山田さんは友達にプレゼントをあげました。 야마다 씨는 친구에게 선물을 주었습니다.

私は先生に花束をさしあげました。 저는 선생님께 꽃다발을 드렸습니다.

76 | 넥서스 독학 일본어 문법

くれる / くださる　　　　　　　　　　　　(남이 나와 내쪽에) 주다 / 주시다

'남이 나와 내쪽에 주다'라고 할 때는 「あげる(주다)」가 아니라 「くれる(주다)」라고 해야 합니다.
둘 다 '주다'로 해석이 같아서 헷갈리기 쉬운데, 방향이 정반대가 되므로 주의합시다.
'남이 주시다'라고 높여서 얘기할 때는 「くださる(주시다)」라고 하면 됩니다. 그런데, 「くださる」
는 좀 특이하게 활용하는 동사로, 「～ます」에 붙이는 경우에는 「くださります」가 아니라 「くだ
さいます(주십니다)」라고 합니다.

예　鈴木さんは私に商品券をくれました。 스즈키 씨는 나에게 상품권을 주었습니다.

先生は私に日本語の辞書をくださいました。
선생님은 나에게 일본어 사전을 주셨습니다.

父が私に本をくれました。 아버지가 나에게 책을 주었습니다.

もらう / いただく　　　　　　　(내가 남에게, 남이 남에게) 받다 / (윗사람한테) 받다

내가 남한테 받거나, 남이 남에게 받는 경우 모두 쓸 수 있습니다. 즉, 받는 사람의 행위를 위주
로 말할 때 쓰는 표현입니다. '친구에게 받다'라고 할 때는 「もらう(받다)」를 쓰고, 선생님, 사장
님 등 나보다 윗사람에게 받을 때는 「いただく(받다)」를 쓰면 좀더 겸손한 표현이 됩니다. 즉, 나
를 낮춤으로써 상대를 높이는 표현이 되는 것입니다.

예　私は父に本をもらいました。 나는 아버지에게 책을 받았습니다.

鈴木さんは山田さんに本をもらいました。 스즈키 씨는 야마다 씨에게 책을 받았습니다.

私は先生にテープをいただきました。 저는 선생님께 테이프를 받았습니다.

┃ 일본인들이 밥 먹기 전에 「いただきます(잘 먹겠습니다)」라고 말하죠? 「いただく」는 '받다, 먹다, 마시다'라는 뜻이
┃ 모두 있는 겸양동사입니다. 그러니까, 「いただきます」는 '잘 먹겠습니다'도 되고 '받습니다'라는 뜻도 된답니다.

♥ 수수동사 2

동사 て형에 붙어서 동작을 주고받는 표현입니다.

~てやる / ~てあげる
(다른 사람에게) ~해 주다

'내가 혹은 남이 남에게 ~해 주다'라고 할 때 쓰는 표현입니다. 「~てやる(~해 주다)」는 나보다 어린 가족이나 동식물에게 ~해 주는 경우에 쓰는 말입니다. 그 외는 「~てあげる」라는 말을 쓰면 됩니다. 그리고 행하는 사람의 행위를 좀 겸손하게 말할 때는 「~てさしあげる(~해 드리다)」라고 하면 됩니다.

예
おとうと ほん よ
弟に本を読んでやります。
남동생에게 책을 읽어 줍니다.

ともだち じゅうしょ おし
友達に住所を教えてあげました。
친구에게 주소를 가르쳐 주었습니다.

せんせい ほん か
先生に本を貸してさしあげました。 선생님께 책을 빌려 드렸어요.

~てくれる / ~てくださる
(다른 사람이 나와 내쪽에) ~해 주다 / ~해 주시다

'남이 나랑 내쪽에 ~해 주다'라고 하는 경우에 쓰는 표현입니다. '나에게'는 주로 생략되는 경우가 많습니다.

예
ともだち はな
友達が話してくれました。
친구가 얘기해 주었습니다.

やまだ せんせい てつだ
山田先生が手伝ってくださいました。
야마다 선생님이 도와 주셨습니다.

「手伝(てつだ)う」는 '돕다'라는 뜻이고, 「手伝ってくださる」는 '도와주시다'라는 뜻입니다. 위 문장에서는 선생님이니까 '~해 주시다'라는 「くださる」를 써야 합니다. 여기서 '나에게(私に)'는 생략되었습니다.

～てもらう / ～ていただく　　　(다른 사람이) ～해 주다 / ～해 주시다

'내가 혹은 남이 남으로부터 ～해 받다'라는 표현인데, 우리말에 '동작을 ～해 받다'라는 말은 없어서 그대로 해석하면 많이 어색해요. 즉, 주어를 바꾸어서 '～해 주다, ～해 주시다'로 해석하는 것이 자연스럽습니다. 「くれる」가 주는 사람을 주어로 말한 표현이라면, 「もらう」는 받는 사람이 주어가 되는 표현입니다.

　金さんに山田さんの住所を教えてもらいました。
　　김 씨는 나에게 야마다 씨의 주소를 알려 주었습니다.

　先生に日本語を教えていただきました。
　　선생님은 나에게 일본어를 가르쳐 주셨습니다.

毎日まいにち 매일 | えさ 먹이 | やる 주다 | 友達ともだち 친구 | プレゼント 선물 | あげる 주다 | 花束はなたば 꽃다발 | さしあげる 드리다 | 商品券しょうひんけん 상품권 | 日本語にほんご 일본어 | 辞書じしょ 사전 | くださる 주시다 | くれる 주다 | もらう 받다 | テープ 테이프 | いただく '받다'의 겸양어 | 読よむ 읽다 | ～てやる ～해 주다 | 住所じゅうしょ 주소 | 教おしえる 가르치다 | ～てあげる ～해 주다 | 話はなす 얘기하다 | ～てくれる ～해 주다 | 手伝てつだう 돕다 | ～てくださる ~해 주시다 **단어**

확인문제

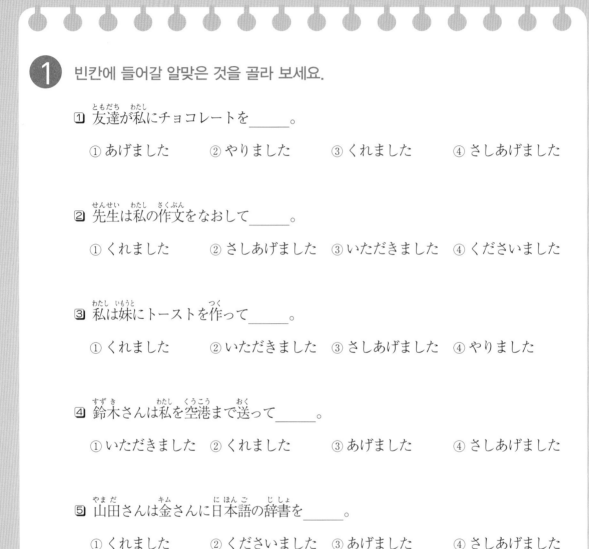

1 빈칸에 들어갈 알맞은 것을 골라 보세요.

① 友達が私にチョコレートを_____。

    ① あげました   ② やりました   ③ くれました   ④ さしあげました

② 先生は私の作文をなおして_____。

    ① くれました   ② さしあげました   ③ いただきました   ④ くださいました

③ 私は妹にトーストを作って_____。

    ① くれました   ② いただきました   ③ さしあげました   ④ やりました

④ 鈴木さんは私を空港まで送って_____。

    ① いただきました   ② くれました   ③ あげました   ④ さしあげました

⑤ 山田さんは金さんに日本語の辞書を_____。

    ① くれました   ② くださいました   ③ あげました   ④ さしあげました

② 빈칸에 알맞은 수수동사를 써 넣어 보세요.

① 내가 친구에게 생일선물을 주었습니다.
私が友達に誕生日のプレゼントを_____。

② 여동생에게 돈을 주었습니다.
妹にお金を_____。

③ 아베 씨가 지갑을 주었습니다.
安部さんが財布を_____。

④ 스즈키 선생님이 손수건을 주셨습니다.
鈴木先生がハンカチを_____。

⑤ 김 씨에게 일본어 책을 받았습니다.
金さんに日本語の本を_____。

⑥ 나카무라 선생님께 지도를 받았습니다.
中村先生に地図を_____。

동사 た형

 문법 파헤치기

~た	~했다

「~た」는 '~했다'라는 뜻으로 반말로 과거를 나타내는 형태입니다. 동사 た형은 て형과 접속형태가 같습니다. 즉, 1그룹동사는 여전히 음편이 일어나므로 주의해야 합니다.

1그룹 동사	く → いた ぐ → いだ	書かく 쓰다 泳およぐ 수영하다	→ 書かいた 썼다 → 泳およいだ 수영했다
	う・つ・る → った	買かう 사다 待まつ 기다리다 送おくる 보내다	→ 買かった 샀다 → 待まった 기다렸다 → 送おくった 보냈다
	ぬ・む・ぶ → んだ	死しぬ 죽다 読よむ 읽다 呼よぶ 부르다	→ 死しんだ 죽었다 → 読よんだ 읽었다 → 呼よんだ 불렀다
	いく → いった	行いく 가다	→ 行いった 갔다
	す → した	話はなす 얘기하다	→ 話はなした 얘기했다

2그룹 동사	る를 빼고 + た	見みる 보다 → 見みた 봤다 食たべる 먹다 → 食たべた 먹었다
3그룹 동사	する 하다 → した 했다 来くる 오다 → 来きた 왔다	

예 友達_{ともだち}とデパートへ行_いった。친구와 백화점에 갔다.

夜遅_{よるおそ}くまでテレビを見_みた。밤 늦게까지 텔레비전을 보았다.

バスで会社_{かいしゃ}へ来_きた。버스로 회사에 왔다.

今日_{きょう}から運動_{うんどう}を始_{はじ}めた。오늘부터 운동을 시작했다.

デパート 백화점 | 夜よる 밤 | 遅おそくまで 늦게까지 | テレビ 텔레비전 | バス 버스 | ～で ～로 〈수단〉 | 会社かいしゃ 회사 | 今日きょう 오늘 | ～から ～부터 | 運動うんどう 운동 | 始はじめる 시작하다

단어

확인문제

1 빈칸에 들어갈 알맞은 것을 골라 보세요.

① 先週は友達とお酒を＿＿＿。

　① 飲む　　　　② 飲み　　　　③ 飲んで　　　　④ 飲んだ

② 昨日は家でビデオを＿＿＿。

　① 見る　　　　② 見た　　　　③ 見った　　　　④ 見んだ

③ 先週の土曜日はデパートへ行って、かばんを＿＿＿た。

　① 買い　　　　② 買っ　　　　③ 買ん　　　　④ 買う

④ 去年は日本へ旅行に＿＿＿。

　① 行く　　　　② 行きた　　　　③ 行いた　　　　④ 行った

⑤ 山田さんは先月、国へ＿＿＿。

　① 帰る　　　　② 帰って　　　　③ 帰った　　　　④ 帰た

② 주어진 단어를 이용하여 일본어로 써 넣어 보세요.

① 버스로 학교에 갔다. (行く)

バスで学校へ_____。

② 커피를 마셨다. (飲む)

コーヒーを_____。

③ 공부를 했다. (する)

勉強を_____。

④ 전철로 회사에 왔다. (来る)

電車で会社へ_____。

⑤ 일본어로 얘기했다. (話す)

日本語で_____。

た형의 문형

 문법 파헤치기

~たまま (명사 + のまま)	~한 채 (~인 채)

동사 た형에 「まま」가 연결되어 「~たまま」가 되면 '~한 채'라는 뜻이 됩니다. 명사에 연결되는 경우에는 「명사+のまま」가 되어, '~인 채'의 뜻이 됩니다.

예 おじいさんは眼鏡をかけたまま寝ています。
   할아버지는 안경을 쓴 채 자고 있어요.

   見たままをはなします。 본 그대로를 이야기합니다.

   田中さんは部屋に入ったまま、出てきません。
   다나카 씨는 방에 들어간 채 나오지 않네요.

   昔のままの家でした。
   옛날 그대로의 집이었어요.

～たことがある[ない] | ～한 적이 있다[없다] 〈경험〉

동사 た형에 「ことがある」가 붙으면 '～한 적이 있다' 즉, '～한 경험이 있다'라는 표현이 되며, 「～たことがない」는 '～한 적이 없다, ～한 경험이 없다'라는 뜻이 됩니다. 좀더 정중하게 '～한 적이 있습니다'는 「～たことがあります」라고 하며, '～한 적이 없습니다'는 「～たことがありません」이라고 합니다.

예 花札<ruby>はなふだ</ruby>をした<u>ことがある</u>。 화투를 친 적이 있다.

お見合<ruby>みあ</ruby>いをした<u>ことがない</u>。 맞선을 본 적이 없다.

日本<ruby>にほん</ruby>へ行<ruby>い</ruby>った<u>ことがあります</u>。 일본에 간 적이 있어요.

一人<ruby>ひとり</ruby>で映画<ruby>えいが</ruby>を見<ruby>み</ruby>た<u>ことがありません</u>。 혼자서 영화를 본 적이 없어요.

～た方<ruby>ほう</ruby>がいい | ～하는 편이 좋다

동사 た형에 「方<ruby>ほう</ruby>がいい」가 연결되면 '～하는 편이 좋다'라는 뜻이 되어 누군가에게 충고하는 표현이 됩니다. '～하는 편이 좋습니다'라고 할 때는 「～た方<ruby>ほう</ruby>がいいです」라고 하면 됩니다.

예 家<ruby>うち</ruby>でゆっくり休<ruby>やす</ruby>んだ<u>方<ruby>ほう</ruby>がいい</u>。 집에서 푹 쉬는 편이 좋다.

もっと勉強<ruby>べんきょう</ruby>した<u>方<ruby>ほう</ruby>がいいです</u>。 좀 더 공부하는 편이 좋아요.

早<ruby>はや</ruby>く帰<ruby>かえ</ruby>って、寝<ruby>ね</ruby>た<u>方<ruby>ほう</ruby>がいいです</u>。 빨리 돌아가서 자는 편이 좋습니다.

薬<ruby>くすり</ruby>を飲<ruby>の</ruby>んだ<u>方<ruby>ほう</ruby>がいいです</u>。 약을 먹는 편이 좋습니다.

めがねをかける 안경을 쓰다 | ～では ～에서는 | 靴<ruby>くつ</ruby>をはく 신발을 신다 | 部屋<ruby>へや</ruby> 방 | 入<ruby>はい</ruby>る 들어가다 | 出<ruby>で</ruby>る 나오다 | 日本<ruby>にほん</ruby>へ行<ruby>い</ruby>く 일본에 가다 | 花札<ruby>はなふだ</ruby>をする 화투를 치다 | お見合<ruby>みあ</ruby>いをする 맞선을 보다 | 早<ruby>はや</ruby>く帰<ruby>かえ</ruby>る 일찍 돌아가다 | もっと 좀더 | 勉強<ruby>べんきょう</ruby>する 공부하다 | 家<ruby>うち</ruby>で 집에서 | ゆっくり 푹, 느긋하게 | 休<ruby>やす</ruby>む 쉬다

단어

확인문제

⬤⬤⬤⬤⬤⬤⬤⬤⬤⬤⬤⬤⬤⬤⬤

① 빈칸에 들어갈 알맞은 것을 골라 보세요.

① 私は一人で映画を_____たことがあります。

    ① 見っ   ② 見   ③ 見り   ④ 見い

② 今日は学校を休んだ_____がいいですよ。

    ① こと   ② ほう   ③ の   ④ もの

③ 風邪なら、早く帰って_____ほうがいいですよ。

    ① ねる   ② ねて   ③ ねた   ④ ねない

④ 窓を_____まま寝てしまいました。

    ① あける   ② あけて   ③ あけた   ④ あけ

⑤ 私はインターネットで買い物をした_____がありません。

    ① こと   ② もの   ③ の   ④ と

⬤⬤⬤⬤⬤⬤⬤⬤⬤⬤⬤⬤⬤⬤⬤

2 주어진 단어를 이용하여 일본어로 써 넣어 보세요.

① 모자를 쓴 채 자고 말았어요. (かぶる)

ぼうしを＿＿＿＿＿＿＿＿＿＿＿＿、寝(ね)てしまいました。

② 혼자서 영화를 본 적이 없어요. (見(み)る)

一人(ひとり)で映画(えいが)を＿＿＿＿＿＿＿＿＿＿＿＿。

③ 전철로 가는 편이 좋아요. (行(い)く)

電車(でんしゃ)で＿＿＿＿＿＿＿＿＿＿＿＿。

④ 일본 노래를 부른 적이 있어요. (歌(うた)う)

日本(にほん)の歌(うた)を＿＿＿＿＿＿＿＿＿＿＿＿。

⑤ 오늘은 학교를 쉬는 편이 좋겠어요. (休(やす)む)

今日(きょう)は学校(がっこう)を＿＿＿＿＿＿＿＿＿＿＿＿。

동사 たり형

제15강

「~たり」는 '~하기도 하고'라는 뜻으로, 동사가 「~たり」에 붙는 형태는 「~て」에 접속하는 형태와 같습니다. 여러 가지 중에서 대표적인 것 몇 개를 예로 들어 말할 때 쓰는 표현입니다. 즉, '주말에 뭐해요?'라는 질문에 '그냥 집에서 자거나 영화를 보거나 해요'라고 말할 때 쓰면 됩니다.
い형용사의 경우에는 「い」를 빼고 「かったり」를 붙이며, な형용사는 「だ」를 빼고 「だったり」를 붙입니다. 명사도 「だったり」를 붙여서 '~이기도 하고'라는 뜻을 나타냅니다.

문법 파헤치기

'~하거나 ~하거나 하다, ~하기도 하고 ~하기도 하다'라고 할 때는 「~たり~たりする」라고 합니다.

1그룹 동사	く → いたり ぐ → いだり	書かく 쓰다 泳およぐ 수영하다	→ 書かいたり 쓰기도 하고 → 泳およいだり 수영하기도 하고
	う・つ・る → ったり	買かう 사다 待まつ 기다리다 送おくる 보내다	→ 買かったり 사기도 하고 → 待まったり 기다리기도 하고 → 送おくったり 보내기도 하고
	ぬ・む・ぶ → んだり	死しぬ 죽다 読よむ 읽다 呼よぶ 부르다	→ 死しんだり 죽기도 하고 → 読よんだり 읽기도 하고 → 呼よんだり 부르기도 하고
	いく → いったり	行いく 가다	→ 行いったり 가기도 하고
	す → したり	話はなす 얘기하다	→ 話はなしたり 얘기하기도 하고
2그룹 동사	る 빼고 + たり	見みる 보다 食たべる 먹다	→ 見みたり 보기도 하고 → 食たべたり 먹기도 하고

| 3그룹
동사 | する 하다 → したり 하기도 하고
来くる 오다 → 来きたり 오기도 하고 |

예 会社かいしゃまではバスで行いったり、電車でんしゃで行いったりする。
회사까지는 버스로 가거나, 전철로 가거나 한다.

週末しゅうまつは映画えいがを見みたり、買かい物ものをしたりします。
주말은 영화를 보거나 쇼핑을 하거나 합니다.

友達ともだちに会あったり、音楽おんがくを聞きいたりしました。 친구를 만나거나 음악을 듣거나 했습니다.

참고로 い형용사, な형용사, 명사의 たり형도 체크해 둡시다! い형용사와 な형용사의 경우
「~たり~たりします」 대신에 「~たり~たりです」로 바꾸어 쓸 수도 있습니다.

い형용사	어미 い 빼고 + かったり	예 帰かえりは早はやかったり遅おそかったりします。 귀가는 이르기도 하고, 늦기도 해요.
な형용사	어미 だ 빼고 + だったり	예 パソコンは便利べんりだったり、不便ふべんだったりします。 컴퓨터는 편리하기도 하고, 불편하기도 해요.
명사	명사 + だったり	예 朝あさはごはんだったり、パンだったりします。 아침은 밥을 먹기도 하고, 빵을 먹기도 해요.

週末しゅうまつ 주말 | 映画えいがを見みる 영화를 보다 | 買かい物ものをする 쇼핑을 하다 | ~まで
~까지 | バスで行いく 버스로 가다 | 電車でんしゃで行いく 전철로 가다 | 音楽おんがくを聞きく 음악을 듣다 | 帰かえり
귀가 | 早はやい 이르다 | 遅おそい 늦다 | パソコン 컴퓨터 | 便利べんりだ 편리하다 | 不便ふべんだ 불편하다 | 朝あさ
아침 | パン 빵

단어

확인문제

1 빈칸에 들어갈 알맞은 것을 골라 보세요.

① 休みの日は家で_____します。

① ねたり　　　　② ねた　　　　③ ねる　　　　④ ねて

② 山田先生の試験は_____、_____します。

① 易しかったり、難しだったり　　② やさしだったり、難しかったり

③ 易しかったり、難しかったり　　④ やさしだったり、難しだったり

③ 仕事は_____、_____します。

① 忙しかったり、暇だったり　　② 忙しかったり、暇かったり

③ 忙しだったり、暇だったり　　④ 忙しだったり、暇かったり

④ 飲み物はコーヒー_____、お茶_____します。

① かったり / かったり　　② だったり / だったり

③ かったり / だったり　　④ だったり / かったり

⑤ 週末は友達に_____、音楽を_____します。

① 会いたり / 聞きたり　　② 会ったり / 聞いたり

③ 会いたり / 聞いたり　　④ 会ったり / 聞きたり

② 주어진 단어를 이용하여 일본어로 써 넣어 보세요.

① 우울할 때는 단것을 먹거나 해요. (食べる)

ゆううつな時は、甘いものを＿＿＿＿＿＿＿＿＿たりします。

② 쉬는 날에는 목욕을 하거나 청소를 하거나 해요. (お風呂に入る・掃除をする)

休みの日は＿＿＿＿＿＿＿＿たり、＿＿＿＿＿＿＿＿たりします。

③ 교실은 넓기도 하고 좁기도 해요. (広い・狭い)

教室は＿＿＿＿＿＿＿＿たり、＿＿＿＿＿＿＿＿たりします。

④ 골프는 잘 치기도 하고 못 치기도 해요. (上手だ・下手だ)

ゴルフは＿＿＿＿＿＿＿＿たり、＿＿＿＿＿＿＿＿たりします。

⑤ 회의는 오전이기도 하고, 오후이기도 해요. (午前・午後)

会議は＿＿＿＿＿＿＿＿たり、＿＿＿＿＿＿＿＿たりします。

동사 ない형

제16강

「〜ない」는 '〜지 않다'라는 뜻을 나타내며, 반말로 부정할 때 쓰이는 표현입니다. 동사가 「ない」에 붙는 형태를 동사 ない형이라고 합니다. 「〜ない」 자체는 い형용사 활용을 합니다.

 문법 파헤치기

1그룹동사는 기본형의 어미를 あ단음으로 바꾸고 「ない」를 붙입니다. 그러나 「う」로 끝나는 동사의 경우에는 「あ」가 아니라 「わ」로 바꾸고 「ない」를 붙이는 것에 주의하세요!
2그룹동사는 기본형의 어미 「る」를 떼어버리고 그냥 「ない」를 붙이면 됩니다.
3그룹동사는 「する」는 「しない」가 되고, 특히 「くる」의 경우에는 「きない」가 아니라 「こない」가 되는 것에 주의하세요!

1그룹동사 (어미 → あ단음 + ない)	行いく 가다 → 行いかない 가지 않다 → 行いかなかった 가지 않았다
	買かう 사다 → 買かわない 사지 않다 → 買かわなかった 사지 않았다
	飲のむ 마시다 → 飲のまない 마시지 않다 → 飲のまなかった 마시지 않았다
2그룹동사 (る 빼고 + ない)	見みる 보다 → 見みない 보지 않다 → 見みなかった 보지 않았다
	食たべる 먹다 → 食たべない 먹지 않다 → 食たべなかった 먹지 않았다
3그룹동사 (무조건 암기)	する 하다 → しない 하지 않다 → しなかった 하지 않았다
	来くる 오다 → 来こない 오지 않다 → 来こなかった 오지 않았다

예 たばこは吸わない。 담배는 피우지 않는다.

今日はどこへも行かない。 오늘은 아무데도 안 간다.

朝御飯は食べない。 아침밥은 먹지 않는다.

昨日はあまり飲まなかった。 어제는 별로 마시지 않았다.

約束の時間に遅れなかった。 약속 시간에 늦지 않았다.

참고로 い형용사 · な형용사 · 명사의 ない형도 체크해 둡시다!

い형용사	어미 い 빼고 + くない	예 このかばんはあまり高くない。 이 가방은 그다지 비싸지 않다.
な형용사	어미 だ 빼고 + じゃない	예 彼女はきれいじゃない。 그녀는 예쁘지 않다.
명사	명사 + じゃない	예 弟は学生じゃない。 남동생은 학생이 아니다.

확인문제

① 빈칸에 들어갈 알맞은 것을 골라 보세요.

① 私はタバコは_____ない。

① 吸あ   ② 吸う   ③ 吸い   ④ 吸わ

② 明日はどこへも_____ない。

① 行か   ② 行っ   ③ 行き   ④ 行く

③ 山田さんは_____ない。

① 来る   ② 来   ③ 来   ④ 来ら

④ 朝御飯は_____ない。

① 食べ   ② 食べり   ③ 食べら   ④ 食べる

⑤ 今日はお風呂に_____ない。

① 入   ② 入り   ③ 入ら   ④ 入る

2 주어진 단어를 이용하여 일본어로 써 넣어 보세요.

① 버스로 가지 않는다. (行く)

バスで＿＿＿＿＿＿＿＿＿＿＿＿＿＿。

② 수업 중에는 한국어로 얘기하지 않는다. (話す)

授業中は韓国語で＿＿＿＿＿＿＿＿＿＿＿＿＿＿。

③ 오늘은 집에 가지 않는다. (帰る)

今日は家へ＿＿＿＿＿＿＿＿＿＿＿＿＿。

④ 나는 텔레비전은 보지 않는다. (見る)

私はテレビは＿＿＿＿＿＿＿＿＿＿＿＿＿＿。

⑤ 오늘은 아무것도 사지 않겠다. (買う)

今日は何も＿＿＿＿＿＿＿＿＿＿＿＿＿。

ない형의 문형

 ## 문법 파헤치기

～ないでください | ～지 마세요

동사 ない형에 접속하며, 부드러운 금지를 나타내는 표현입니다. 회화에서 친한 사이에는 「～ないで(～하지 마)」로 줄여서 표현하기도 합니다. '～해 주세요'는 「～てください」가 됩니다.

1그룹동사 (어미 → あ단음 + ないでください)	行いく 가다	→ 行いかないでください 가지 마세요
	買かう 사다	→ 買かわないでください 사지 마세요
	飲のむ 마시다	→ 飲のまないでください 마시지 마세요
2그룹동사 (る 빼고 + ないでください)	見みる 보다	→ 見みないでください 보지 마세요
	食たべる 먹다	→ 食たべないでください 먹지 마세요
3그룹동사 (무조건 암기)	する 하다	→ しないでください 하지 마세요
	来くる 오다	→ 来こないでください 오지 마세요

예 お酒さけを飲のまないでください。 술을 마시지 마세요.

あまり無理むりしないでください。 너무 무리하지 마세요.

寒さむいですから、窓まどを開あけないでください。 추우니까 창문을 열지 마세요.

～なければならない | ～지 않으면 안 되다

동사 ない형에 접속하며, 그렇게 해야 하는 의무, 사회적인 규칙, 법률 등을 표현할 때 쓰입니다. '～하지 않으면 안 됩니다'라고 정중하게 말할 때는 「～なければなりません」이나 「～なければならないんです」라고 하면 됩니다. 친한 사이에는 「～なきゃ(～해야 해)」의 형태로 짧게 줄여서 사용하기도 합니다.

1그룹동사 (어미 → あ단음 +なければならない)	行いく 가다	→ 行いかなければならない 가지 않으면 안 된다
	買かう 사다	→ 買かわなければならない 사지 않으면 안 된다
	飲のむ 마시다	→ 飲のまなければならない 마시지 않으면 안 된다
2그룹동사 (る 빼고 +なければならない)	見みる 보다	→ 見みなければならない 보지 않으면 안 된다
	食たべる 먹다	→ 食たべなければならない 먹지 않으면 안 된다
3그룹동사 (무조건 암기)	する 하다	→ しなければならない 하지 않으면 안 된다
	来くる 오다	→ 来こなければならない 오지 않으면 안 된다

예 明日あしたまでに、レポートを出ださなければならない。
내일까지는 리포트를 내지 않으면 안 된다.

学生がくせいは勉強べんきょうしなければなりません。 학생은 공부하지 않으면 안 됩니다.

プールでは泳およぐ前まえにシャワーを浴あびなければなりません。
수영장에서는 수영하기 전에 샤워를 하지 않으면 안 됩니다.

お酒さけ 술 | 無理むりする 무리하다 | 寒さむい 춥다 | 窓まどを開あける 창문을 열다 | プール 수영장 | 泳およぐ 수영하다 | ～前まえに ～기 전에 | シャワーを浴あびる 샤워를 하다 | 明日あした 내일 | ～までに ～까지는 | レポートを出だす 레포트를 제출하다

～なくてもいい　　　　　　　　　　　　　　　　　| ～지 않아도 된다

동사 ない형에 접속하며, '～지 않아도 상관없다'는 뜻을 나타냅니다.

1그룹동사 (어미 → あ단음 ＋なくてもいい)	行いく 가다	→ 行いかなくてもいい 가지 않아도 된다
	買かう 사다	→ 買かわなくてもいい 사지 않아도 된다
	飲のむ 마시다	→ 飲のまなくてもいい 마시지 않아도 된다
2그룹동사 (る 빼고 ＋なくてもいい)	見みる 보다	→ 見みなくてもいい 보지 않아도 된다
	食たべる 먹다	→ 食たべなくてもいい 먹지 않아도 된다
3그룹동사 (무조건 암기)	する 하다	→ しなくてもいい 하지 않아도 된다
	来くる 오다	→ 来こなくてもいい 오지 않아도 된다

예 日曜日にちようびは会社かいしゃに行いかなくてもいい。 일요일은 회사에 가지 않아도 된다.

全部ぜんぶ食たべなくてもいいです。 전부 안 먹어도 됩니다.

掃除そうじをしなくてもいいですか。 청소를 하지 않아도 되나요?

～ない方ほうがいい　　　　　　　　　　　　　　　| ～지 않는 편이 좋다 〈충고・제안〉

동사 ない형에 접속하며, 상대방에게 충고하거나 권유할 때 쓰이는 표현입니다.

1그룹동사 (어미 → あ단음 ＋ないほうがいい)	行いく 가다	→ 行いかないほうがいい 가지 않는 편이 좋다
	買かう 사다	→ 買かわないほうがいい 사지 않는 편이 좋다
	飲のむ 마시다	→ 飲のまないほうがいい 마시지 않는 편이 좋다
2그룹동사 (る 빼고 ＋ないほうがいい)	見みる 보다	→ 見みないほうがいい 보지 않는 편이 좋다
	食たべる 먹다	→ 食たべないほうがいい 먹지 않는 편이 좋다
3그룹동사 (무조건 암기)	する 하다	→ しないほうがいい 하지 않는 편이 좋다
	来くる 오다	→ 来こないほうがいい 오지 않는 편이 좋다

例 病気が治る前に、お酒は飲まない方がいい。
병이 낫기 전에 술은 마시지 않는 편이 좋다.

タバコは体によくないから、吸わない方がいいです。
담배는 몸에 좋지 않으니까, 피우지 않는 편이 좋습니다.

お風呂に入らない方がいいです。 목욕을 하지 않는 편이 좋습니다.

～ないように 〜지 않도록, ～지 말도록

1그룹동사 (어미 → あ단음 +ないように)	行いく 가다	→ 行いかないように 가지 않도록
	買かう 사다	→ 買かわないように 사지 않도록
	飲のむ 마시다	→ 飲のまないように 마시지 않도록
2그룹동사 (る 빼고 +ないように)	見みる 보다	→ 見みないように 보지 않도록
	食たべる 먹다	→ 食たべないように 먹지 않도록
3그룹동사 (무조건 암기)	する 하다	→ しないように 하지 않도록
	来くる 오다	→ 来こないように 오지 않도록

例 風邪を引かないように、気をつけてください。 감기에 걸리지 않도록 주의하세요.

忘れないようにメモしておいてください。 잊지 않도록 메모해 두세요.

遅れないように、早く行きましょう。 늦지 않도록 빨리 갑시다.

掃除そうじ 청소|日曜日にちようび 일요일|会社かいしゃ 회사|行いく 가다|全部ぜんぶ 전부|病気びょうき 병|治なおる 낫다|～前まえに ～기 전에|タバコ 담배|体からだ 몸|よくない 좋지 않다|吸すう (담배를) 피우다|お風呂ふろに入はいる 목욕을 하다|風邪かぜを引ひく 감기에 걸리다|気きをつける 조심하다, 주의하다|忘わすれる 잊다|メモする 메모하다|外食がいしょく 외식|多おおい 많다|野菜やさい 야채|不足ふそくする 부족하다

확인문제

1 빈칸에 들어갈 알맞은 것을 골라 보세요.

① 明日^{あした}は_____ないでください。

　① 来^くる　　　　② 来^き　　　　③ 来^こ　　　　④ 来^く

② 外国^{がいこく}へ行^いく時^{とき}は、パスポートを準備^{じゅんび}_____ならない。

　① しなければ　　② しなくても　　③ しても　　④ しては

③ 無理^{むり}に_____なくてもいいです。

　① 食^たべ　　　　② 食べた　　　③ 食べり　　　④ 食べる

④ おなかが痛^{いた}い時^{とき}は、冷^{つめ}たいものを_____ほうがいいですよ。

　① 飲^のむ　　　　② 飲んで　　　③ 飲まない　　④ 飲もう

⑤ 風邪^{かぜ}を_____ように注意^{ちゅうい}してください。

　① 引^ひく　　　　② 引いた　　　③ 引かない　　④ 引かなかった

2 주어진 단어를 이용하여 일본어로 써 넣어 보세요.

① 감기에 걸리지 않도록 주의하세요. (引く)

風邪を＿＿＿＿＿＿＿＿＿＿＿気をつけてください。

② 아무한테도 말하지 마세요. (話す)

誰にも＿＿＿＿＿＿＿＿＿＿＿。

③ 돈을 지불해야 합니다. (払う)

お金を＿＿＿＿＿＿＿＿＿＿＿。

④ 내일은 학교에 가지 않아도 된다. (行く)

明日は学校に＿＿＿＿＿＿＿＿＿＿＿。

⑤ 밤에는 커피를 마시지 않는 편이 좋습니다. (飲む)

夜はコーヒーを＿＿＿＿＿＿＿＿＿＿＿。

사역·수동·사역수동

제18강

 문법 파헤치기

1. 사역형 (せる / させる)

사역이라는 것은 '누구에게 ~시키다'라는 뜻입니다. '누구에게 ~하게 하다, ~시키다'라고 하는 사역 형태로 만들 때는 동사 ない형에 「せる/させる」를 붙이면 됩니다. 즉, 1그룹동사는 어미를 あ단음으로 바꾸고 「せる」를 붙여서 '~시키다'라는 뜻을 나타내며, 2그룹동사는 「る」를 떼고 「させる」를 붙이면 됩니다. 3그룹동사는 그냥 외워야 하는데, 「する」는 「させる(시키다, 하게 하다)」가 되고, 「来(く)る」는 「来(こ)させる(오게 하다)」가 됩니다. 그리고 사역형은 형태상 2그룹동사이므로 2그룹동사처럼 활용하면 됩니다.

1그룹동사 (어미 → あ단음 + せる)	飲のむ 마시다	→ 飲のませる 마시게 하다
	買かう 사다	→ 買かわせる 사게 하다
2그룹동사 (る 빼고 + させる)	見みる 보다	→ 見みさせる 보게 하다
	食たべる 먹다	→ 食たべさせる 먹게 하다
3그룹동사 (무조건 암기)	する 하다	→ させる 시키다
	来くる 오다	→ 来こさせる 오게 하다

예 私は娘に料理をさせた。 나는 딸에게 요리를 하게 했다.

先生は学生に本を読ませます。 선생님은 학생에게 책을 읽게 합니다.

母は弟を病院へ行かせました。 엄마는 남동생을 병원에 가게 했습니다.

～(さ)せてくれる[ください] | ～하게 해 주다[주세요]

예 今日は私にごちそうさせてくれませんか。 오늘은 저에게 대접하게 해 주지 않겠어요?

何か食べさせてください。 뭔가 먹게 해 주세요.

「ごちそうさせる」는 '대접하게 하다', 「～てくれる」는 '남이 나에게 ～해 주다'라는 뜻이니까, 즉 '나에게 ～하게 해 주지 않겠습니까?'라는 뜻이 됩니다.

～(さ)せてもらう[いただく] | ～하게 해 받다 (나에게 ～하게 해 주다)

사역형에 「～てもらう」나 「～ていただく」를 붙이면, '당신이 나에게 ～라고 시키는 것을 받다'라는 뜻이 되어, '상대방의 허락을 받아서 ～하다'라는 상당히 자신을 낮추는 표현이 됩니다.

예 お先に帰らせていただきます。 먼저 돌아갈게요.

発表させていただきます。 발표하겠습니다.

그냥 「帰(かえ)ります(돌아갈게요)」라고 해도 되지만 「帰らせていただきます」라고 하면 '당신 허락을 받아서 가겠습니다'라고 겸손하게 말하는 표현이 됩니다.
「発表(はっぴょう)させていただきます」는 「発表します(발표하겠습니다)」란 뜻입니다.

娘むすめ 딸 | 料理りょうり 요리를 | 病院びょういんへ行いく 병원에 가다 | 子供こども 아이 | 野菜やさい 야채 | ごちそうする 대접하다 | 何なにか 무엇인가 | お先さきに 먼저

단어

すみません。ここで休ませていただけませんか。 죄송합니다. 여기에서 쉴 수 없을까요?

「~ていただく」의 가능형은 「~ていただける(~해 받을 수 있다)」가 되고, 사역형에 「~ていただけませんか(~해 받을 수 없습니까?)」가 붙으면, '당신이 시키는 것을 받을 수 없을까요?'라는 허가를 구하는 표현이 됩니다.

2. 수동형 (れる / られる)

수동이라는 것은 '~에게 ~당하다, ~하여지다'라는 뜻을 나타내는 형태인데, 우리말에는 별로 쓰이지 않는 표현이어서 조금 어려운 부분이에요. 동사에 「~れる」나 「~られる」를 붙여서 수동형으로 바꾸는데, 접속하는 형태는 모두 「ない」에 붙는 형태로 같습니다. 즉, 1그룹동사의 경우에는 어미를 あ단음으로 바꾸고 「れる」를 붙이며, 2그룹동사는 어미 「る」를 떼고 「られる」를 붙이면 됩니다. 그리고 3그룹동사의 경우에는 불규칙하므로, 「する」는 「される(당하다, 하여지다)」로, 「来(く)る」는 「来(こ)られる(와지다, 옴을 당하다)」로 그냥 외워야 합니다. 그리고 수동형은 형태상 2그룹동사 형태가 됩니다!

1그룹동사 (어미 → あ단음 + れる)	読よむ 읽다	→ 読よまれる 읽음을 당하다
	買かう 사다	→ 買かわれる 삼을 당하다
2그룹동사 (る 빼고 + られる)	見みる 보다	→ 見みられる 봄을 당하다
	食たべる 먹다	→ 食たべられる 먹음을 당하다
3그룹동사 (무조건 암기)	する 하다	→ される 당하다
	来くる 오다	→ 来こられる 옴을 당하다

「~れる / ~られる」가 붙은 형태는 수동의 의미뿐만 아니라, 가능・존경의 의미로도 쓰입니다.

① 수동

예 山田やまださんは先生せんせいにほめられた。 야마다 씨는 선생님께 칭찬받았다.

母ははに叱しかられた。 엄마한테 야단맞았다.

私わたしはアイスクリームを姉あねに食たべられました。 언니가 내 아이스크림을 먹어버렸어요.

② 존경

예 いつ韓国に来られましたか。언제 한국에 오셨어요?

何時に起きられましたか。몇 시에 일어나셨어요?

③ 가능

2그룹동사와「来(く)る(오다)」의 경우에는「られる」가 붙어서 가능의 의미로도 쓰일 수 있습니다.

예 朝早く起きられる。아침 일찍 일어날 수 있다.

ここで映画が見られますか。여기에서 영화를 볼 수 있나요?

明日も来られますか。내일도 올 수 있나요?

3. 사역수동형 (せられる / させられる)

'사역+수동'의 형태로, 사역은 '~시키다'라는 뜻이고 수동은 '~당하다'라는 뜻이므로, 사역수동형은 '누가 ~시키는 것을 당하다'라는 의미가 됩니다. 예를 들어, 회식자리에서 상사가 노래를 시켜서 불러야만 하는 경우, 부하의 입장에서 보면 상사가 시키는 것을 당하는 입장이 되지요.
1그룹동사의 경우에는 어미를 あ단음으로 바꾸고 「せられる」를 붙입니다. 그런데, 「せられる」는 「される」로 줄여서 말하기도 하는데, 다만 「す」로 끝나는 동사의 경우에는 「される」로 줄여서 쓸 수 없고 「せられる」라고 해야 합니다.
2그룹동사는 어미 「る」를 떼어버리고 「させられる」를 붙입니다.
3그룹동사의 경우에는 언제나처럼 그냥 외워둬야 하는데, 「する(하다)」는 「させられる」가 되고, 「来(く)る(오다)」는 「こさせられる」가 됩니다.

1그룹동사 (어미 → あ단음 + せられる)	会あう 만나다	→ 会あわせられる 만나라고 해서 어쩔 수 없이 만나다
	話はなす 얘기하다	→ 話はなさせられる 얘기하라고 해서 어쩔 수 없이 얘기하다
2그룹동사 (る 빼고 + させられる)	見みる 보다	→ 見みさせられる 보라고 해서 하는 수 없이 보다
	食たべる 먹다	→ 食たべさせられる 먹으라고 해서 하는 수 없이 먹다
3그룹동사 (무조건 암기)	する 하다	→ させられる 시켜서 하는 수 없이 하다
	来くる 오다	→ 来こさせられる 오라고 해서 하는 수 없이 오다

예 子供こどもは母ははに英語えいごのビデオを見みさせられました。
아이는 엄마가 영어 비디오를 보라고 시켜서 하는 수 없이 봤습니다.

私わたしは友達ともだちに一時間いちじかんも待またせられました。
나는 친구가 기다리게 해서 하는 수 없이 1시간이나 기다렸습니다.

私わたしは課長かちょうにお酒さけを飲のませられました。
나는 과장님이 술을 마시라고 해서 억지로 마셨습니다.

단어 子供こども 아이 ㅣ 英語えいご 영어 ㅣ ビデオ 비디오 ㅣ 一時間いちじかん 1시간 ㅣ ~も ~이나 ㅣ 待まつ 기다리다 ㅣ 課長かちょう 과장님

확인문제

1 빈칸에 들어갈 알맞은 것을 골라 보세요.

① 会社から帰る途中で雨に＿＿＿＿＿＿。

　① 降る　　　　② 降りました。　　③ 降られました　　④ 降っています

② 姉は私に部屋の掃除を＿＿＿＿＿＿。

　① する　　　　② させた　　　　③ した　　　　④ しました

③ 日曜日も、社長に仕事を＿＿＿＿＿＿。

　① しました　　② しませんでした　③ させられました　④ します

2 주어진 단어를 이용하여 일본어로 써 넣어 보세요.

① 옆 사람에게 발을 밟혔어요. (足を踏む)

　隣の人に＿＿＿＿＿＿＿＿＿＿＿＿＿＿ました。

② 조금 쉬게 해 주세요. (休む)

　少し＿＿＿＿＿＿＿＿＿＿＿＿てください。

③ 친구가 술을 사라고 해서 하는 수 없이 샀습니다. (おごる)

　友達にお酒を＿＿＿＿＿＿＿＿＿＿＿＿ました。

가능표현

제19강

'~할 수 있다'라는 가능표현은 동사의 경우 두 가지 방법으로 만들 수 있습니다. 즉, 동사를 가능형으로 만드는 방법과, 또 한 가지는 동사 기본형에「ことができる」를 붙여서 나타내는 방법입니다.

 문법 파헤치기

'~할 수 있다'라는 의미를 가진 가능형으로 바꾸려면, 1그룹동사는 어미를 え단음으로 바꾸고「る」를 붙입니다. 2그룹동사는 어미「る」를 떼고「られる」를 붙이며, 3그룹동사는 그냥 외워야 하는데,「する」는「できる」로,「来る」는「来(こ)られる」가 됩니다. 동사의 가능형은 모두 형태상 2그룹동사가 됩니다.

1그룹동사 (어미 → え단음 + る)	飲のむ 마시다	→ 飲のめる 마실 수 있다
	行いく 가다	→ 行いける 갈 수 있다
	話はなす 얘기하다	→ 話はなせる 얘기할 수 있다
	帰かえる 돌아가다	→ 帰かえれる 돌아갈 수 있다
2그룹동사 (る 빼고 + られる)	見みる 보다	→ 見みられる 볼 수 있다
	食たべる 먹다	→ 食たべられる 먹을 수 있다
3그룹동사 (무조건 암기)	する 하다	→ できる 할 수 있다
	来くる 오다	→ 来こられる 올 수 있다

가능형으로 바꾼 문장에서는 「～を(～을, ～를)」를 「～が」로 바꾸는 것이 일반적입니다. 가능형은 모두 2그룹동사의 형태가 되므로 2그룹동사와 같이 활용하면 됩니다. 즉, 「ます」「ません」「ない」를 붙일 때, 「る」만 떼어버리고 붙이면 되는 것입니다.
그런데, 2그룹동사와 3그룹동사의 「来(く)る」의 경우, 「られる」가 붙어서 수동의 의미로 쓰일 수도 있고 가능의 의미로도 쓰일 수 있습니다.

예 日本語が話せますか。 일본어를 말할 수 있나요?

今日は何時に帰れますか。 오늘은 몇 시에 돌아올 수 있어요?

明日も来られますか。 내일도 올 수 있나요?

가능형은 모두 2그룹형태이므로 2그룹동사처럼 활용하면 됩니다. 즉, 가능형에서 「る」만 빼고 「ない / ます / ません」에 붙이면 됩니다. 예를 들어 「のめる(마실 수 있다)」에서 「のめない」는 '마실 수 없다', 「のめます」는 '마실 수 있어요', 「のめません」은 '마실 수 없어요'의 뜻이 됩니다.

1그룹동사	飲のめる 마실 수 있다	飲めない 마실 수 없다	飲めます 마실 수 있어요	飲めません 마실 수 없어요
	行いける 갈 수 있다	行けない 갈 수 없다	行けます 갈 수 있어요	行けません 갈 수 없어요
	話はなせる 얘기할 수 있다	話せない 얘기할 수 없다	話せます 얘기할 수 있어요	話せません 얘기할 수 없어요
	帰かえれる 돌아갈 수 있다	帰れない 돌아갈 수 없다	帰れます 돌아갈 수 있어요	帰れません 돌아갈 수 없어요
2그룹동사	見みられる 볼 수 있다	見られない 볼 수 없다	見られます 볼 수 있어요	見られません 볼 수 없어요
	食たべられる 먹을 수 있다	食べられない 먹을 수 없다	食べられます 먹을 수 있어요	食べられません 먹을 수 없어요
3그룹동사	できる 할 수 있다	できない 할 수 없다	できます 할 수 있어요	できません 할 수 없어요
	来こられる 올 수 있다	来られない 올 수 없다	来られます 올 수 있어요	来られません 올 수 없어요

동사 기본형 + ことができる | ~할 수 있다

동사의 경우에는 가능형으로 만드는 방법 이외에도, 동사 기본형에 「ことができる」를 붙여서 '~할 수 있다'라는 의미를 나타낼 수 있습니다. 그리고, 명사의 경우에는 「こと」가 필요없이 그대로 명사에 「~ができる」를 붙이면 '~가 가능하다, ~를 할 수 있다'라는 표현이 됩니다.

예 自転車に乗ることができる。 자전거를 탈 수 있다.

私は日本語で話すことができます。 저는 일본어로 말할 수 있어요.

車の運転ができますか。 자동차 운전을 할 수 있나요?

단어 　日本語にほんご 일본어 | 話はなす 이야기하다 | 今日きょう 오늘 | 何時なんじ 몇 시 | 車くるま 자동차 | 運転うんてん 운전

확인문제

1 빈칸에 들어갈 알맞은 것을 골라 보세요.

① 一万ウォンで映画を_____ことができます。

　① 見る　　　　　② 見た　　　　　③ 見られる　　　　④ 見られた

② 漢字で_____ますか。

　① 書か　　　　　② 書かれ　　　　③ 書け　　　　　④ 書けり

③ 買い物_____できます。

　① が　　　　　　② ことが　　　　③ に　　　　　　④ を

2 주어진 동사를 이용하여 가능표현을 두 가지로 써 넣어 보세요.

① 이거 전부 먹을 수 있습니까? (食べる)

　これ、全部_____。/ これ、全部_____。

② 혼자서 못 가. (行く)

　一人で_____。/ 一人で_____。

③ 일본어로 전화를 걸 수 있습니다. (電話をかける)

　日本語で_____。/ 日本語で_____。

가정조건표현

제20강

우리말의 '~면'에 해당하는 일본어 가정 조건 표현에는 「～と / ～なら / ～たら / ～ば」의 4가지가 있습니다.

문법 파헤치기

～と	～면

'~면 반드시 ~한다'라는 경우에 쓰입니다. 동사는 기본형에 그대로 「と」를 붙여, 「行く(가다)」의 경우 「行くと(가면)」가 됩니다. い형용사도 기본형에 그대로 「と」를 붙여, 「寒い(춥다)」는 「寒いと(추우면)」가 됩니다. な형용사도 기본형에 그대로 「と」를 붙여, 「好きだ(좋아하다)」는 「好きだと(좋아하면)」가 됩니다. 그러나 명사에 붙는 경우에는 「だと」가 붙습니다. 즉, 「雨(비)」에 붙는 경우에 「雨だと(비라면)」가 되어야 합니다.

동사 (기본형 + と)	行いく 가다	→ 行いくと 가면
い형용사 (기본형 + と)	寒さむい 춥다	→ 寒さむいと 추우면
な형용사 (기본형 + と)	好すきだ 좋아하다	→ 好すきだと 좋아하면
명사 (명사 + だと)	雨あめ 비	→ 雨あめだと 비라면

① 「～と」는 '～하면 (반드시 ～한다)'이라는 경우에 주로 쓰입니다. 즉, '1에 1을 더하면 2가 된다' '이 버튼을 누르면 커피가 나온다' '이 길을 돌면 학원이 있다' '겨울이 되면 추워진다'와 같이 '앞 부분이 ～면 반드시 ～한다'라는 당연한 사실을 얘기하는 경우에 쓰이는 표현입니다. 그래서 숫자 계산이나 길 안내, 기계 조작 등에 대해 이야기할 때 씁니다.

예 一に一を足すと、二になる。1에 1을 더하면 2가 된다. (숫자 계산)

右に曲がると、郵便局があります。 오른쪽으로 돌면 우체국이 있습니다. (길 안내)

冬になると、寒くなります。 겨울이 되면 추워집니다. (자연 현상)

このボタンを押すと、切符が出ます。 이 버튼을 누르면 표가 나옵니다. (기계 조작)

お酒を飲むと、顔が赤くなります。 술을 마시면 얼굴이 빨개집니다. (당연한 습관)

いい天気だと、山が見えます。 좋은 날씨면 산이 보여요. (상식)

② 「～と」가 붙은 문장 뒷부분에 과거형이 올 수 있는데, 이때 「～と」는 '～하자마자'라고 해석하는 것이 좋습니다.

예 窓を開けると、雪が降っていました。 창문을 열자 눈이 오고 있었어요.

足たす 더하다 | ～になる ～이 되다 | 右みぎ 오른쪽 | 曲まがる 돌다 | 学院がくいん 학원 | 出でる 나오다 | 天気てんき 날씨 | 山やま 산 | 見みえる 보이다 | 窓まど 창문 | 開あける 열다 | 雪ゆき 눈 | 降ふる (눈·비)가 오다 | 試験しけん 시험 | 合格ごうかくする 합격하다

단어

～なら | ～라면

뭔가 화제를 제시할 때 쓰는 표현입니다. 즉, '이번에 차 살 거야'라고 그러면 그 말을 받아서 '차를 살 거라면 ～가 좋아'라고 말하는 경우에 씁니다. 동사와 い형용사와 명사는 기본형에 그대로 「なら」를 붙이면 됩니다. な형용사는 기본형에서 어미 「だ」를 떼고 「なら」를 붙입니다.

동사 (기본형＋なら)	行いく 가다	→ 行いくなら 갈 거라면
い형용사 (기본형＋なら)	寒さむい 춥다	→ 寒さむいなら 춥다면
な형용사 (だ 빼고＋なら)	好すきだ 좋아하다	→ 好すきなら 좋아한다면
명사 (명사＋なら)	雨あめ 비	→ 雨あめなら 비라면

① 동사에 「なら」가 붙을 때는 아직 일어나지 않은 일을 가정하는 경우에 씁니다. 그래서 '～할 거라면'이라고 해석하는 것이 좋습니다.

예 A : 夏休なつやすみに旅行りょこうします。 여름 방학에 여행을 할 겁니다.
B : 旅行りょこうするなら、日本にほんが一番いちばんです。 여행할 거라면 일본이 제일이에요.

② 뒷문장이 앞문장보다 시간적으로 앞서는 것은 「なら」밖에 없습니다.

예 この本ほんを読よむなら、貸かしてあげます。 이 책을 읽을 거라면 빌려줄게요.
┃ 빌려주는 뒷부분의 사실이 시간적으로 먼저이고, 앞부분의 읽는 것이 나중의 일입니다.

③ 「なら」가 붙을 때는 뒷문장에 과거형이 올 수 없습니다.

예 昨日きのう公園こうえんに行いくなら、山田やまださんに会あいました。(×)
어제 공원에 갈 거라면 야마다 씨를 만났어요.
┃ 行(い)くなら는 '갈 거라면'으로 해석하는 것이 바람직합니다. 그러므로 이 경우에는 「行くなら」를 「行ったら」
┃ 로 바꾸는 것이 알맞습니다.

～たら | ～면

「～たら」는 과거, 현재, 미래에 '～면'이라고 가정하는 경우에 모두 쓸 수 있습니다. 4가지 중에서 가장 넓은 의미를 가지고 있다고 할 수 있죠. 동사의 경우 て형에 「たら」를 붙이고, い형용사는 「い」를 떼고 「かったら」를 붙입니다. な형용사는 「だ」를 떼고 「だったら」를 붙이고, 명사도 명사에 「だったら」를 붙이면 됩니다.

1그룹 동사	く → いたら ぐ → いだら	書かく 쓰다 泳およぐ 수영하다	→ 書かいたら 쓰면 → 泳およいだら 수영하면
	う・つ・る →ったら	買かう 사다 持もつ 들다 送おくる 보내다	→ 買かったら 사면 → 持もったら 들면 → 送おくったら 보내면
	ぬ・む・ぶ →んだら	死しぬ 죽다 読よむ 읽다 呼よぶ 부르다	→ 死しんだら 죽으면 → 読よんだら 읽으면 → 呼よんだら 부르면
	いく → いったら	行いく 가다	→ 行いったら 가면
	す → したら	話はなす 얘기하다	→ 話はなしたら 얘기하면
2그룹 동사	る 빼고 + たら	見みる 보다 食たべる 먹다	→ 見みたら 보면 → 食たべたら 먹으면
3그룹 동사	무조건 암기	する 하다 来くる 오다	→ したら 하면 → 来きたら 오면
い형용사	い 떼고+かったら	寒さむい 춥다	→ 寒さむかったら 추우면
な형용사	だ 떼고+だったら	好すきだ 좋아하다	→ 好すきだったら 좋아하면
명사	명사+だったら	雨あめ 비	→ 雨あめだったら 비라면

① '과거에 ～였다면'이라고 하는 경우에 쓸 수 있습니다.

예 お金かねがあったら、食たべたかも知しれません。 돈이 있었다면 먹었을지도 모릅니다.

② '현재 ～한다면'이라고 하는 경우에 씁니다.

예 お金かねがなかったら、払はらわないでください。 돈이 없다면 내지 마세요.

③ '앞으로 ～면'이라고 하는 경우에 씁니다.

예 日本_{にほん}に着_ついた<u>ら</u>、電話_{でんわ}してください。 일본에 도착하면 전화해 주세요.

④ 「たら」가 붙은 문장의 경우, 뒷부분에 과거형이 올 수 있습니다. 이때는 「～たら」를 '～더니'라고 해석하는 것이 좋습니다. '좀 놀랍다, 예기치 못했다'라는 뉘앙스를 나타냅니다.

예 教室_{きょうしつ}に行_いった<u>ら</u>、先生_{せんせい}がいました。 교실에 갔더니 선생님이 있었어요.
┃'없을 거라고 생각했는데 있었다'라는 느낌이 듭니다.

⑤ 동사+たらどうですか(～면 어때요?)

예 明日_{あした}は学校_{がっこう}を休_{やす}んだらどうですか。 내일은 학교를 쉬면 어때요?
┃「休(やす)む(쉬다)」는 1그룹동사이므로, 음편이 일어나서 「休んだら」가 됩니다. 상대방에게 뭔가 권유하는 경우에 많이 쓰는 표현입니다.

단어

お金_{かね}がある 돈이 있다｜～かもしれません ～지도 모릅니다｜ない 없다｜払_{はら}う 지불하다, 내다｜着_つく 도착하다｜電話_{でんわ}する 전화하다｜教室_{きょうしつ} 교실｜先生_{せんせい} 선생님｜いる 있다｜学校_{がっこう} 학교｜休_{やす}む 쉬다

| ~ば | ~면 |

'~할지 안 할지 모르지만 한다면'처럼 '조건'을 나타내는 표현입니다. 명사와 な형용사는 ば형이 없습니다. 동사의 경우에는 기본형의 어미를 え단음으로 바꾸고 「ば」를 붙이면 되고, い형용사나 「い」로 끝나는 조동사는 「い」를 빼고 「ければ」를 붙이면 됩니다.

1그룹동사 (어미 → え단음 + ば)	飲のむ 마시다 → 飲のめば 마신다면
	行いく 가다 → 行いけば 간다면
2그룹동사 (어미 → え단음 + ば)	見みる 보다 → 見みれば 본다면
3그룹동사 (어미 → え단음 + ば)	する 하다 → すれば 한다면
	来くる 오다 → 来くれば 온다면
い형용사, い로 끝나는 조동사 (い를 빼고 + ければ)	安やすい 싸다 → 安やすければ 싸다면
	行いきたい 가고 싶다 → 行いきたければ 가고 싶다면
	行いかない 가지 않다 → 行いかなければ 가지 않는다면

① ~한다면(~할지 안 할지 모르지만)

　　예 雨あめが降ふれば、行いきません。 비가 온다면 가지 않겠어요.

　　　　安やすければ、買かいたいです。 싸다면 사고 싶어요.

② ~하면 ~할수록(~ば ~ほど)

　　예 日本語にほんごは勉強べんきょうすればするほど難むずかしいです。 일본어는 공부하면 할수록 어렵습니다.

　　　　パソコンは新あたらしければ新あたらしいほどいいです。 컴퓨터는 새것이면 새것일수록 좋아요.

③ ~했으면 좋았다(현실과 반대되는 가정, 후회)

　　예 もっと勉強べんきょうすればよかったです。 좀 더 공부했으면 좋았어요.

雨あめが降ふる 비가 오다 | 勉強べんきょうする 공부하다 | 難むずかしい 어렵다 | パソコン 컴퓨터 | 新あたらしい 새롭다, 새것이다

단어

1 빈칸에 들어갈 알맞은 것을 골라 보세요.

① 朝起き_____、薬を飲んでください。

    ① ば　　　　　　② と　　　　　　③ なら　　　　　　④ たら

② 本を_____なら、となりの部屋へ行ってください。

    ① 読む　　　　　② 読み　　　　　③ 読ま　　　　　④ 読んで

③ この道をまっすぐ_____と、郵便局があります。

    ① 行く　　　　　② 行き　　　　　③ 行っ　　　　　④ 行け

④ デパートへ行きたいんですが、どう_____いいですか。

    ① 行って　　　　② 行けば　　　　③ 行くなら　　　④ 行くのは

⑤ 日本語は勉強_____ば_____ほど難しいです。

    ① する / する　　② すれ / する　　③ し / する　　　④ すれ / し

② 주어진 단어를 이용하여 일본어로 써 넣어 보세요.

① 한국에 오면 연락해 주세요. (来る)

韓国に＿＿＿＿＿＿＿＿＿たら、連絡してください。

② 자동문에 서면 문이 열립니다. (立つ)

自動ドアに＿＿＿＿＿＿＿＿＿と、ドアが開きます。

③ 초밥을 먹을 거라면 저 가게가 최고예요. (食べる)

寿司を＿＿＿＿＿＿＿＿＿なら、あの店が最高です。

④ 당신이 간다면 나도 가겠어요. (行く)

あなたが＿＿＿＿＿＿＿＿＿ば、私も行きます。

⑤ 싸다면 사고 싶어요. (安い)

＿＿＿＿＿＿＿＿＿ば、買いたいです。

추측과 전문

 문법 파헤치기

~そうだ
~할 것 같다, ~해 보인다 〈양태〉

명사에는 붙지 않으며, い형용사는 기본형에서 「い」를 떼고 「そうだ」를 붙이고, な형용사는 기본형에서 「だ」를 떼고 「そうだ」를 붙입니다. 동사의 경우 ます형에 「そうだ」를 붙이면 됩니다. 「~そうだ」는 주로 눈으로 보고 느낀 바를 말하는 표현으로, 형용사에 붙을 때는 '~해 보인다'라고 해석하고, 동사에 붙을 때는 '~할 것 같다'라고 해석하는 것이 좋습니다. 「そうだ」 앞에는 과거형이 올 수 없습니다. 그리고 '예쁘다, 키가 크다'처럼 바로 보아서 알 수 있는 성질에는 사용할 수 없습니다.

품사	단어	~そうだ (~해 보인다, ~할 것 같다)
명사	–	–
い형용사(い를 빼고 + そうだ)	おいしい 맛있다	おいしそうだ 맛있어 보인다
な형용사(だ를 빼고 + そうだ)	元気げんきだ 건강하다	元気げんきそうだ 건강해 보인다
동사(ます형 + そうだ)	降ふる (비가) 오다	降ふりそうだ (비가) 올 것 같다

例 今いまにも雨あめが降ふりそうです。 지금이라도 비가 내릴 것 같습니다.

お腹なかが空すいて、死しにそうだ。 배가 고파서 죽을 것 같다.

あの学生がくせいは頭あたまがよさそうだ。 저 학생은 머리가 좋아 보인다.

い형용사 중에서 '좋다'와 '없다'의 경우에는 좀 특이하게 활용하므로 외워둡시다.

例　よい 좋다 → よ<u>さそうだ</u> 좋아 보인다, 좋을 것 같다

　　ない 없다 → な<u>さそうだ</u> 없어 보인다, 없을 것 같다

～そうだ　│　～라고 한다 〈전문〉

어디에서 듣거나 보거나 해서 접한 내용을 전하는 전문의 용법입니다. 현재형의 경우, 동사와 い형용사, な형용사는 모두 기본형에 「そうだ」를 붙이고, 명사에는 뒤에 「だ」를 붙인 후 「そうだ」를 연결시켜야 합니다. 그리고 '～라고 합니다'라고 정중하게 말할 때는 「～そうです」라고 하면 됩니다. 「～そうだ」는 어디서 들었는지 근거를 밝혀주기 위해 「～によると(～에 의하면)」와 함께 쓰이는 경우가 많습니다. 즉, 「～によると、～そうです(～에 의하면, ～라고 하네요)」라는 형태로 쓰입니다.

	단어	～そうだ (～라고 한다)
명사	雨あめ 비	雨あめだそうだ 비라고 한다
い형용사	忙いそがしい 바쁘다	忙いそがしいそうだ 바쁘다고 한다
な형용사	暇ひまだ 한가하다	暇ひまだそうだ 한가하다고 한다
동사	降ふる (비가) 오다	降ふるそうだ (비가) 온다고 한다

例　あの店みせは高たかいそうだ。 저 가게는 비싸다고 한다.

　　交通こうつうが便利べんりだそうだ。 교통이 편리하다고 한다.

　　金キムさんの話はなしによると、山田やまださんは高校こうこうの先生せんせいだそうです。
　　김 씨의 얘기에 따르면, 야마다 씨는 고등학교 선생님이라고 합니다.

　　天気予報てんきよほうによると、明日あしたは雨あめが降ふるそうです。
　　일기예보에 따르면, 내일은 비가 온다고 합니다.

단어

～ようだ / ～みたいだ

마치 ～와 같다〈비유〉 / ～같다〈주관적 추측〉

어떤 장소에 주어진 상황으로 판단하여 주관적으로 '～같다'라고 추측하거나, '마치 ～와 같다'라고 비유하는 경우에는「～ようだ」와「～みたいだ」를 써서 나타냅니다. 비유를 나타낼 때는「まるで(마치)」와 같이 쓰여,「まるで～ようだ(마치 ～같다)」의 형태로 쓰입니다. 「～ようだ」와「～みたいだ」는 의미는 거의 같으며,「～みたいだ」가 조금 더 회화체적인 표현이라고 할 수 있습니다. 의미는 같지만, 접속하는 형태는 차이가 있습니다. 정중하게 '～같습니다'라고 할 때는「～ようです / ～みたいです」라고 하면 됩니다.

	ようだ	みたいだ	의미
명사	日本人にほんじんのようだ	日本人にほんじんみたいだ	일본인 같다
い형용사	おいしい → おいしいようだ	おいしい → おいしいみたいだ	맛있는 것 같다
な형용사	暇ひまだ → 暇なようだ	暇ひまだ → 暇みたいだ	한가한 것 같다
동사	いる → いるようだ	いる → いるみたいだ	있는 것 같다

예 まるで花はなのようです。 마치 꽃 같아요.

あのケーキ屋やはいつも人ひとが大勢おおぜい並ならんでいる。あそこのケーキはおいしいようだ。
저 케이크 가게는 항상 사람이 많이 줄 서 있다. 저기 케이크는 맛있는 것 같다.

彼女かのじょはいつも刺身さしみを食たべない。刺身さしみが嫌きらいなようだ。
그녀는 항상 회를 먹지 않는다. 회를 싫어하는 것 같다.

鈴木すずきさんのかばんが残のこっている。まだいるようだ。
스즈키 씨 가방이 남아 있다. 아직 있는 것 같다.

단어

まるで 마치 | 花はな 꽃 | ケーキ屋や 케이크 가게 | いつも 항상 | 人ひと 사람 | 大勢おおぜい 많이 | 並ならぶ 줄서다 | あそこ 저기, 저곳 | おいしい 맛있다 | 刺身さしみ 회 | 嫌きらいだ 싫어하다 | かばん 가방 | 残のこる 남다 | まだ 아직

~らしい   ~같다, ~라고 한다, ~답다

주어진 상황으로 판단하여 '~같다'라는 객관적인 추측을 나타내거나, 「~そうだ(~라고 한다)」
보다 조금 부정확한 전문을 나타낼 수 있고, 명사에 붙어서는 '~답다'라는 뜻도 나타냅니다. 접
속 형태는 「~みたいだ」와 같고 「~らしい」 자체는 い형용사처럼 활용합니다.

품사	단어	~らしい (~인 것 같다)
명사 (명사+らしい)	学生がくせい 학생	学生らしい 학생인 것 같다
い 형용사 (기본형+らしい)	寒さむい 춥다	寒いらしい 추운 것 같다
だ 형용사 (だ 빼고+らしい)	暇ひまだ 한가하다	暇らしい 한가한 것 같다
동사 (기본형+らしい)	いる 있다	いるらしい 있는 것 같다

① ~인 것 같다 〈객관적인 추측〉

예 どうも事故じこがあったらしいですね。 아무래도 사고가 있었던 것 같네요.

② ~라고 한다 〈불확실한 전문〉

예 うわさによると、あのタレントは離婚りこんしたらしいですよ。
소문에 따르면, 저 탤런트는 이혼했다고 하네요.

③ ~답다

예 男おとこらしい。 남자답다.

女おんならしい。 여자답다.

┃ '여자답지 않다'라고 하려면 い형용사 활용처럼 「い」를 빼고 「くない」를 붙여서 「女らしくない」라고 합니다.

日本人にほんじんらしい。 일본인답다.

┊ どうも 아무래도, 어쩐지 | 事故じこ 사고 | うわさ 소문 | ~によると ~에 의하면 | 離婚りこんする
┊ 이혼하다 | 日本人にほんじん 일본인

단어

제21강 | 추측과 전문

そうだ & ようだ・みたいだ

「そうだ」는 기본적으로 외관을 묘사하는 표현이고, 「ようだ / みたいだ」는 주어진 상황을 근거로 한 판단을 나타냅니다.

예 このパンはおいし<u>そうだ</u>。 이 빵은 맛있어 보인다.
> 그냥 빵을 보고 맛있어 보인다는 의미로, 아직 먹어보지 않은 상태입니다.

このパンはおいしい<u>ようだ</u>。 이 빵은 맛있는 것 같다.
> 빵집 앞에 줄이 길게 늘어서 있다든지, 사람들이 맛있게 먹고 있다든지 주위의 상황으로 판단한 것입니다.

らしい & ようだ・みたいだ

'~인 것 같다'라는 추측을 나타낼 때는 「らしい」와 「ようだ」는 바꿔 쓸 수 있는데, 자기 자신의 현재 느낌에 의한 판단을 나타낼 때는 「ようだ」를 씁니다. 「らしい」는 무책임한 뉘앙스를 띠기 쉽기 때문에, 책임을 갖고 발언해야만 하는 경우나 논문 등에서는 부적절할 수 있습니다. 이때도 「ようだ」를 씁니다.

예 どうも風邪を引いてしまったようだ。 (스스로) 아무래도 감기에 걸려 버린 것 같다.
> '내가 아무래도 감기에 걸린 것 같다'라고 하는 경우에는 「~らしい」를 쓸 수 없습니다.

胃腸がよくないようです。 (의사가 환자에게) 위장이 좋지 않은 것 같습니다.
> 의사가 환자에게 '~가 안 좋은 것 같네요'라고 말할 때 「らしい」를 쓰면 「らしい」가 '전문'의 용법도 갖고 있기 때문에, 마치 전해 들은 듯이 무책임하게 '~가 안 좋다네요'라는 표현이 되어 적절하지 않습니다.

단어 | パン 빵 | おいしい 맛있다 | どうも 아무래도 | 風邪かぜを引ひく 감기에 걸리다 | 胃腸いちょう 위장

확인문제

1 빈칸에 들어갈 알맞은 것을 골라 보세요.

1 山田さんは昨日日本へ_____らしいですよ。

　①行き　　　②行く　　　③行って　　　④行った

2 ニュースによると、明日は雪が_____そうです。

　①降り　　　②降る　　　③降った　　　④降って

3 金さんはまるで日本人_____です。

　①よう　　　②そう　　　③らしい　　　④みたい

4 今にもテーブルから本が_____そうです。

　①落ちる　　②落ち　　　③落ちた　　　④落ちて

5 あの人は気持ちが_____そうです。

　①よさ　　　②よ　　　③い　　　④いさ

의지표현

 문법 파헤치기

~(よ)う | ~해야지, ~하자 〈의지형〉

우리말로 '~해야지, ~하자'라는 뜻으로 쓰이는 형태를 의지형이라고 합니다. 의지형을 만드는
방법은, 1그룹동사는 어미를 お단음으로 바꾸고 「う」를 붙이고, 2그룹동사는 「る」를 떼고 「よう」
를 붙이며, 3그룹동사의 경우에는 언제나처럼 외워야 하는데, 「する(하다)」는 「しよう(해야지,
하자)」, 「来(く)る(오다)」는 「来(こ)よう(와야지, 오자)」가 됩니다. 특히 「来(く)る」의 경우, 「きよう」
로 틀리기 쉬우니 주의하세요!

1그룹 동사	어미를 お 단음 으로 바꾸고 +う	行いく 가다 → 行いこう 가자, 가야지
		飲のむ 마시다 → 飲のもう 마시자, 마셔야지
2그룹 동사	어미 る를 떼고 +よう	見みる 보다 → 見みよう 보자, 봐야지
		食たべる 먹다 → 食たべよう 먹자, 먹어야지
3그룹 동사	무조건 암기	する 하다 → しよう 하자, 해야지
		来くる 오다 → 来こよう 오자, 와야지

～(よ)うと思う | ～하려고 생각하다

'～하려고 생각한다'라고 할 때는 의지형에 「～と思(おも)う」를 붙이면 됩니다. 뭔가 마음먹고 있거나 계획하고 있는 것을 나타내는 표현입니다.

예 私は夏休みに日本に行こうと思います。 나는 여름방학에 일본에 가려고 생각합니다.

明日テニスをしようと思います。 내일 테니스를 하려고 생각합니다.

今晩は早く寝ようと思います。 오늘밤은 일찍 자려고 생각합니다.

동사 기본형 + つもりだ | ～할 생각이다[작정이다]

「의지형+と思(おも)う」와 비슷한 표현으로, 동사 기본형에 그대로 「つもりだ」를 붙여서 '～할 생각이다, ～할 작정이다'라는 뜻이 됩니다. 정중하게 말할 때는 「～つもりです(～할 생각입니다)」라고 하면 됩니다.

예 来週、会社の近くのアパートに引っ越すつもりだ。
다음 주에 회사 근처 아파트로 이사할 생각이다.

私は週末に買い物をするつもりです。 저는 주말에 쇼핑을 할 생각입니다.

来月、国へ帰るつもりです。 다음 달에 고국으로 돌아갈 작정입니다.

夏休なつやすみ 여름방학 | 日本にほんに行いく 일본에 가다 | 今度こんど 이번 | 日曜日にちようび
일요일 | 映画えいがを見みる 영화를 보다 | 週末しゅうまつ 주말 | 買かい物ものをする 쇼핑을 하다 | 来週らいしゅう
다음 주 | 近ちかく 근처 | アパート 아파트 | 引ひっ越こす 이사하다 | 今晩こんばん 오늘밤 | 一緒いっしょに 함께

동사 기본형 + 予定^{よ てい}だ | ~할 예정이다

좀더 구체적인 뭔가가 잡혀 있는 경우에는 동사 기본형에 「予定(よ てい)だ」를 붙여서 '~할 예정이다'라고 할 수 있습니다. 정중하게 말하려면 「~予定です(~할 예정입니다)」라고 하면 됩니다.

예 山田^{やま だ}さんが発表^{はっぴょう}する予定^{よ てい}だ。
야마다 씨가 발표할 예정이다.

来月^{らいげつ}、結婚^{けっこん}する予定^{よ てい}です。来月^{らいげつ}、
다음 달에 결혼할 예정입니다.

明日^{あした}は朝^{あさ}9時^じからミーティングがある予定^{よ てい}です。
내일은 아침 9시부터 미팅이 있을 예정입니다.

┃ 여기서는 '미팅'이 주어가 되므로 「つもりです」로 바꿔 쓸 수 없습니다. 「つもりです」는 자신의 생각을 나타내는 표현입니다.

단어   来月らいげつ 다음 달 | 結婚けっこんする 결혼하다 | 発表はっぴょうする 발표하다 | 朝あさ 아침 | ~から
~부터 | ミーティング 미팅

확인문제

① 빈칸에 들어갈 알맞은 것을 골라 보세요.

① 私は今年日本語能力試験を_____と思っています。

 ① うけよう   ② うけて   ③ うけおう   ④ うける

② 週末は、家でゆっくり_____つもりです。

 ① 休む   ② 休もう   ③ 休んだ   ④ 休まない

③ 明日、日本から取引先の安部さんが_____予定です。

 ① 来る   ② 来よう   ③ 来た   ④ 来ない

② 주어진 단어를 이용하여 일본어로 써 넣어 보세요.

① 밥을 먹자. (食べる)

 ごはんを_____。

② 내일 출발할 예정입니다. (出発する)

 明日_____予定です。

③ 주말에는 무엇을 할 생각입니까? (する)

 週末には何を_____つもりですか。

존경·겸양표현

존경어는 상대방을 높이는 존경표현과 내쪽을 낮춰서 표현하는 겸양표현이 있습니다. 먼저 존경표현에 대해 알아봅시다. 상대방을 높이는 동사가 따로 있는 것을 '존경동사'라고 하는데, 이는 많이 쓰이므로 외워두는 것이 좋습니다.

 ## 문법 파헤치기

1. 존경표현

존경동사

정중체	기본형	존경동사
行いきます 갑니다 来きます 옵니다	いらっしゃる 가시다, 오시다	いらっしゃいます 가십니다, 오십니다
います 있습니다	いらっしゃる 계시다	いらっしゃいます 계십니다
食たべます 먹습니다 飲のみます 마십니다	召めし上あがる 드시다	召めし上あがります 드십니다
言いいます 말합니다	おっしゃる 말씀하시다	おっしゃいます 말씀하십니다
知しっています 알고 있어요	ご存ぞんじだ 아시다	ご存ぞんじですか 아십니까?

見みます 봅니다	ご覧らんになる 보시다	ご覧らんになりますか 보십니까?
します 합니다	なさる 하시다	なさいますか 하십니까?
くれます 줍니다	くださる 주시다	くださいますか 주시겠습니까?

「いらっしゃる(가시다, 오시다, 계시다)」와 「おっしゃる(말씀하시다)」「なさる(하시다)」「くださる(주시다)」는 특이하게 활용하는 존경동사로서, ます에 붙을 때 「～ります」가 아니라 「～います」가 되는 것에 주의하세요! 「いらっしゃいます / おっしゃいます / なさいます / くださいます」가 됩니다.

예 いつ韓国かんこくにいらっしゃいますか。 언제 한국에 오십니까?

もしもし、山田社長やまだしゃちょうはいらっしゃいますか。 여보세요, 야마다 사장님은 계십니까?

何なにを召め し上あがりますか。 무엇을 드시겠어요?

先生せんせいは何なんとおっしゃいましたか。 선생님은 뭐라고 말씀하셨나요?

山田先生やまだせんせいをご存ぞんじですか。 야마다 선생님을 아시나요?

あの映画えいがをご覧らんになりましたか。 저 영화를 보셨나요?

何なにになさいますか。 뭘로 하시겠어요?

鈴木部長すずきぶちょうがくださいました。 스즈키 부장님이 주셨어요.

단어

お(ご) + 동사 ます형·한자어 명사 + になる　　　| ～하시다 〈존경 공식〉

존경동사가 따로 없는 경우에는 존경 공식에 넣어서 나타내는데, 동사의 경우 「お+동사 ます형 +になる」로 쓰고, 한자어 명사의 경우에는 「ご+한자어 명사+になる」로 써서 '～하시다'라는 높이는 표현이 됩니다.

단어	お～になる (～하시다)	お～になります (～하십니다)
買かう 사다	お買いになる 사시다	お買かいになります 사십니다
読よむ 읽다	お読みになる 읽으시다	お読みになります 읽으십니다
帰かえる 돌아가다	お帰りになる 돌아가시다	お帰りになります 돌아가십니다
呼よぶ 부르다	お呼びになる 부르시다	お呼びになります 부르십니다
作つくる 만들다	お作りになる 만드시다	お作りになります 만드십니다
使つかう 사용하다	お使いになる 사용하시다	お使いになります 사용하십니다

단, ます형이 「見(み)る・来(く)る・する」처럼 「み・き・し」로 한 음절인 경우에는 존경 공식을 쓰지 않습니다. 그리고 두 음절 이상이라도 존경동사가 있는 경우에는 일반적으로 존경동사를 우선적으로 사용합니다.

예 先生せんせい、新聞しんぶんをお読よみになりましたか。 선생님, 신문을 읽으셨나요?

いつお国くににお帰かえりになりますか。 언제 고국으로 돌아가십니까?

これをお使つかいになりますか。 이것을 사용하시겠어요?

단어 新聞しんぶん 신문 | お国くに 나라, 고국 | 帰かえる 돌아가다 | これ 이것 | 使つかう 사용하다

～れる / ～られる　　　　　　　　～하시다

수동의 의미로 쓰이는 「～れる / ～られる」가 '～하시다'라는 존경의 의미로도 쓰입니다. 존경동사나 존경 공식보다는 존경의 정도가 약하지만, 회화체에서 많이 쓰이는 형태입니다.

다시 한 번 형태를 살펴봅시다. 1그룹동사는 어미를 あ단음으로 바꾸고 「れる」를 붙이고, 2그룹동사는 「る」를 떼고 「られる」를 붙입니다. 3그룹동사는 그냥 외워야 하는데, 「する」는 「される」가 되고, 「来(く)る」는 「来(こ)られる」가 됩니다.

1그룹동사 (어미 → あ단음 + れる)	帰かえる 돌아가다 → 帰かえられる 돌아가시다
2그룹동사 (어미 る 빼고 + られる)	見みる 보다　→ 見みられる 보시다
3그룹동사 (무조건 암기)	する 하다　→ される 하시다
	来くる 오다　→ 来こられる 오시다

例 日本語の学校について話されました。 일본어 학교에 관하여 말씀하셨어요.

部長、日本電気の鈴木さんが来られました。 부장님, 일본전기의 스즈키 씨가 오셨습니다.

「来(く)る」는 '오다'라는 뜻인데, 「こられる」가 되면 '오시다'의 뜻으로 쓰일 수 있어요. 물론 수동의 의미(옴을 당하다), 가능의 의미(올 수 있다)로도 쓰일 수 있죠.

～について ～에 관하여 | 話はなす 얘기하다 | 部長ぶちょう 부장님 | 日本にほん電機でんき 일본전기　　단어

お(ご) + 동사 ます형・한자어 명사 + ください ｜ ～하십시오

'~해 주세요'는 「～てください」인데, 이보다 좀더 정중하게 말할 때는 동사의 경우 「お+동사 ます형+ください」로, 한자어 명사의 경우 「ご+한자어 명사+ください」로 써서 '~해 주십시오'라고 표현합니다.

단어	お+동사 ます형+ください (~해 주십시오)
伝つたえる 전하다	お伝えください 전해 주십시오
読よむ 읽다	お読みください 읽어 주십시오
帰かえる 돌아가다	お帰りください 돌아가십시오
呼よぶ 부르다	お呼びください 불러 주십시오
待まつ 기다리다	お待ちください 기다려 주십시오
書かく 쓰다	お書きください 써 주십시오

例 少々しょうしょうお待ま ち下ください。잠시만 기다려 주십시오.

> '잠시만 기다려 주세요'는 「ちょっと待ってください」가 맞습니다. 그러나 「ちょっと待ってください」보다 더 정중한 표현이라고 알아두시면 됩니다. 호텔이나 백화점에서 고객에 대해 쓸 때는 정중한 이 표현을 사용합니다.

山田やまだから電話でんわがあったとお伝つたえください。야마다한테서 전화가 왔었다고 전해 주세요.

> '전화가 오다'라고 할 때 「電話がある」라고 합니다. 「電話があった」는 '전화가 왔었다'라는 뜻이 됩니다.

단어 　少々しょうしょう 잠시만 ｜ 待まつ 기다리다 ｜ 電話でんわがある 전화가 오다 ｜ ～と ～라고 ｜ 伝つたえる 전하다

2. 겸양표현

겸양동사

자신의 행동을 낮추어 말하는 동사를 겸양동사라고 합니다. 겸양동사는 상대방에게 쓰면 대단한 실례가 되므로 조심해서 사용해야 합니다.

정중체	기본형	겸양동사
行いきます 갑니다 来きます 옵니다	まいる 가다, 오다	まいります 갑니다, 옵니다
います 있습니다	おる 있다	おります 있습니다
食たべます 먹습니다 飲のみます 마십니다	いただく 먹다, 마시다	いただきます 먹습니다, 마십니다
言いいます 말합니다	申もうす 아뢰다	申もうします 말합니다
知しっています 알고 있어요	存ぞんじる 알다	存ぞんじております 알고 있습니다
見みます 봅니다	拝見はいけんする 보다	拝見はいけんします 보겠습니다
します 합니다	いたす 하다	いたします 해 드리겠습니다
もらいます 받습니다	いただく 받다	いただきます 받겠습니다
聞ききます 묻습니다, 듣습니다 訪問ほうもんします 방문합니다	うかがう 여쭙다, 듣다, 찾아뵙다	うかがいます 여쭙겠습니다, 듣겠습니다, 찾아뵙겠습니다
会あいます 만납니다	お目めにかかる 만나뵙다	お目めにかかります 만나 뵙겠습니다

겸양동사 중 「まいる(가다, 오다)」는 모양은 2그룹동사지만, 「帰る(돌아가다)」「入る(들어가다)」처럼 1그룹동사 활용을 하는 예외동사이므로 체크해 둡시다.

例 <u>先月</u>、<u>日本</u>からまいりました。 지난 달에 일본에서 왔습니다.

<u>課長</u>の<u>山田</u>は<u>今</u>おりません。 야마다 과장은 지금 없습니다.

| 「おる」는 '있다'를 낮춰 말할 때 쓰는 겸양동사입니다. 일본어에서는 내쪽의 사람을 상대방에게 말할 때, 사장님이
| 든 할아버지든 다 낮춰서 말해야 합니다.

この<u>本</u>は<u>山田先生</u>からいただきました。 이 책은 야마다 선생님에게 받았어요.

| 「もらう(받다)」보다 겸손하게 '받다'라고 할 때는 「いただく」를 씁니다.

お<u>手紙</u>、<u>拝見</u>しました。 이 편지 봤어요.

<u>私</u>は<u>山田</u>と<u>申</u>します。どうぞよろしくお<u>願</u>いします。
저는 야마다라고 합니다. 잘 부탁드려요.

その<u>仕事</u>は<u>私</u>がいたします。 그 일은 제가 할게요.

<u>何時</u>ごろお<u>宅</u>にうかがいましょうか。 몇 시쯤 댁에 찾아뵐까요?

| 「うかがう」는 '찾아뵙다, 여쭙다, 듣다'라는 뜻의 겸양동사입니다.

<u>会議</u>の<u>予定</u>は<u>山田</u>さんからうかがいました。 회의 예정은 야마다 씨로부터 들었어요.

ちょっとうかがいますが、<u>駅</u>へはどう<u>行</u>ったらいいでしょうか。
좀 여쭙겠는데요, 역으로는 어떻게 가면 될까요?

そのことは<u>存</u>じませんでした。 그 일은 몰랐어요.

| 「存(ぞん)じる」는 '알다'라는 뜻의 겸양동사로, 「存(ぞん)じません」은 '모릅니다'가 됩니다. 과거형 「存(ぞん)じませ
| んでした」는 '몰랐습니다'가 됩니다.

단어

先月せんげつ 지난 달 | 課長かちょう 과장님 | 手紙てがみ 편지 | どうぞよろしく 잘 부탁합니다 | 仕事しごと
일 | 何時なんじ 몇 시 | ~ごろ ~쯤 | お宅たく 댁 | 会議かいぎ 회의 | 予定よてい 예정 | ちょっと 잠깐 | 駅えき
역 | ~へは ~으로는 | どう 어떻게 | そのこと 그 일

お(ご) + 동사 ます형·한자어 명사 + する　　　　　~해 드리다〈겸양 공식〉

겸양동사가 따로 없는 경우에는 겸양 공식에 넣어서 표현하는데, 앞에서 배운 상대방을 높이는 존경 공식「お+동사 ます형+になる(~하시다)」와 비슷해서 헷갈리기 쉬우므로 주의합시다. 「お+동사 ます형+する(~해 드리다)」에서「する」대신에「いたす」를 써도 됩니다. 그리고 한자어 명사의 경우에는「ご+한자어 명사+する」가 됩니다.

기본형	お+동사 ます형+する (~해 드리다)	お+동사 ます형+します (~해 드립니다)
知しらせる 알리다	お知らせする 알려드리다	お知らせします 알려드리겠습니다
読よむ 읽다	お読みする 읽어드리다	お読みします 읽어드리겠습니다
持もつ 가지다	お持ちする 갖다드리다	お持ちします 갖다드리겠습니다
話はなす 얘기하다	お話しする 말씀드리다	お話しします 말씀드리겠습니다
送おくる 보내다	お送りする 보내드리다	お送りします 보내드리겠습니다
呼よぶ 부르다	お呼びする 불러드리다	お呼びします 불러드리겠습니다

例 荷物にもつをお持もちします。 짐을 들어드리겠습니다.

> 우리말로 '~해 드리겠습니다, ~해 주겠습니다'라고 하면 언뜻「~てあげます」가 생각나지만, 이렇게 수수동사를 쓰면 '굉장히 은혜를 베풀면서 해 준다'라는 뉘앙스가 되기 때문에 틀린 표현입니다.

車くるまでお送おくりします。 차로 바래다 드리겠습니다.

荷物にもつ 짐 | 持もつ 들다, 가지다 | 送おくる 바래다주다, 보내다　　　　　단어

확인문제

1 빈칸에 들어갈 알맞은 것을 골라 보세요.

① 山田さん、私が車でお＿＿＿＿します。

    ① 送って   ② 送る   ③ 送り   ④ 送ろう

② 昨日先生は9時に＿＿＿＿なりました。

    ① 帰り   ② お帰り   ③ お帰りに   ④ お帰って

③ 先生、これを＿＿＿＿。

    ① お使ってください   ② お使いしてください
    ③ お使いてください   ④ お使いください

④ 今朝、新聞を＿＿＿＿になりましたか。

    ① ごらん   ② はいけん   ③ お目   ④ 飲み

⑤ 買い物を＿＿＿＿いる社長にお会いしました。

    ① 買って   ② なさって   ③ して   ④ 見て

② 주어진 단어를 이용하여 일본어로 써 넣어 보세요.

① 선생님, 계시나요? (いらっしゃる)

先生、_____。
せんせい

② 이것을 사용하십시오. (使う)
つか

これをお_____ください。

③ 오래 기다리게 했습니다. (待たせる)
ま

お_____しました。

④ 저는 김이라고 합니다. (申す)
もう

私は金と_____。
わたし キム

⑤ 잘 먹겠습니다. (いただく)

_____。

조사

단어나 단어 사이의 관계를 나타내는 품사로, 조사 자체는 활용을 하지 않습니다. 기본적인 조사를 알아 둡시다. 조사를 모르고선 일본어를 말할 수 없으니까 잘 체크해 두세요!

 문법 파헤치기

が　　　　　　　　　　　　~이, ~가 〈주격조사〉 / ~지만 〈문장 연결〉

예 こちらが山田さんです。 이쪽이 야마다 씨예요.

暑かったですが、とても楽しかったです。
더웠지만, 매우 즐거웠어요.

は　　　　　　　　　　　　　　　　　~은, ~는 〈주격조사〉

예 私は会社員です。 저는 회사원입니다. 〈주제 제시〉

紅茶は飲みますが、コーヒーは飲みません。
홍차는 마십니다만, 커피는 마시지 않아요. 〈대조〉

の | ~의, ~의 것, ~이[가]

예 それは山田さんのかばんです。 그것은 야마다 씨의 가방이에요.

この車は父のです。 이 자동차는 아버지 것이에요.

天気のよい時に見られます。 날씨가 좋을 때에 볼 수 있어요.

を | ~을, ~를

예 コーヒーを飲みます。 커피를 마십니다.

7時に家を出ます。 7시에 집을 나옵니다.

で | ~에서, ~으로, ~때문에

예 会社で仕事をします。 회사에서 일을 합니다. 〈장소〉

バスで行きます。 버스로 갑니다. 〈수단〉

試験は明日で終わります。 시험은 내일로 끝납니다. 〈기준〉

風邪で学校を休みました。 감기로 학교를 쉬었습니다. 〈원인〉

と | ~와[과], ~라고 〈인용문〉

예 本とノートを買いました。 책과 노트를 샀어요.

ハンバーガーとコーラをください。 햄버거와 콜라를 주세요.

友達とテニスをします。 친구와 테니스를 칩니다.

山田さんは何と言いましたか。 야마다 씨는 무엇이라고 말했나요?

に | ~에, ~로, ~에게, ~하러

예 会社はソウルにあります。 회사는 서울에 있어요. 〈장소〉

7時に起きます。 7시에 일어납니다. 〈시간〉

山田さんに話しました。 야마다 씨에게 얘기했어요. 〈대상〉

一週間に3回授業があります。 일주일에 세 번 수업이 있어요. 〈기준〉

日本に行きます。 일본에 갑니다. 〈목적지〉

映画を見に行きました。 영화를 보러 갔어요. 〈목적〉

へ | ~에, ~으로

예 日本へ行きます。 일본에 갑니다.

家へ帰ります。 집으로 돌아갑니다.

「~に行(い)きます(~에 갑니다)」로 바꿔 쓸 수 있습니다. 「~へ」가 방향을 나타내는 '~쪽으로'라는 뉘앙스라면, 「~に」
는 목적지 '~에'라는 뉘앙스입니다.

より | ~보다, ~에 비해, ~로부터

예 日本語は英語より易しいです。 일본어는 영어보다 쉬워요.

日本の田中より。 일본의 타나카로부터

から | ~부터, ~때문에, ~니까

예 会社は9時からです。 회사는 9시부터예요. 〈시간 기점〉

山田さんは日本から来ました。 야마다 씨는 일본으로부터 왔어요. 〈출발점〉

私が作りますから、一緒に食べましょう。 제가 만들 테니까, 함께 먹읍시다. 〈원인〉

ので | ~때문에

예 雨が降るので、遠足は中止です。 비가 오기 때문에 소풍은 중지입니다.

「~ので」는「~から」와 비슷한데,「~ので」는 '바람이 세서 문이 열리다'처럼 객관적인 이유를,「~から」는 '바람이 세니까 문을 닫자'처럼 주관적인 이유를 나타냅니다.

まで | ~까지 〈시간・장소〉

「まで」는 장소와 시간, 범위를 모두 나타낼 수 있습니다. 즉, '회사까지'라는 장소를 나타내는 경우에도 쓸 수 있고, 시간이나 날짜, 요일 등 때를 나타내는 단어 다음에 쓰여 '~까지'라는 뜻으로도 쓰일 수 있습니다. 그리고 '~부터 ~까지예요'라는 범위도 나타낼 수 있습니다.

예 授業は1時から2時までです。 수업은 1시부터 2시까지예요. 〈시간〉

会社まで電車で行きます。 회사까지 전철로 갑니다. 〈장소〉

や | ~랑

예 机の上に本や辞書などがあります。 책상 위에 책이랑 사전 등이 있어요.

も | ~도, ~이나

예 これもください。 이것도 주세요.

私も会社員です。 저도 회사원이에요.

1時間もかかります。 1시간이나 걸려요.

か | ~까, ~이나

예 これは何ですか。 이것은 무엇입니까? 〈의문〉

日本語か英語で話してください。 일본어나 영어로 말해주세요. 〈선택〉

とか | ~라든가

예 コーヒーとか紅茶とか。 커피라든가 홍차라든가.

し | ~하고

예 山田さんは勉強もできるし、スポーツも上手です。
야마다 씨는 공부도 잘하고, 운동도 잘해요.

くらい (ぐらい) | ~정도, ~쯤

예 昨日は2時間ぐらい勉強しました。 어제는 2시간 정도 공부했어요.

どのくらいかかりますか。 어느 정도 걸리나요?

ごろ | ~경, ~쯤

예 昨日は11時ごろ家へ帰りました。 어제는 11시경 집에 돌아왔어요.

だけ | ~뿐[만]

예 これだけ 이것만

少しだけ 조금만

しか | ~밖에 (뒤에 부정의 말이 온다)

예 お金が少ししかありません。 돈이 조금밖에 없어요.

3時間しか寝ない。 3시간밖에 안 잔다.

ずつ | ~씩

예 一人ずつ 한 사람씩

少しずつ 조금씩

こそ | ~야 말로, ~만은

예 こちらこそどうぞよろしくお願いします。
이쪽이야말로 잘 부탁드립니다.

のに | ~하는데도, ~함에도 불구하고

예 一生懸命がんばったのに、試験に落ちてしまいました。
열심히 노력했는데도 시험에 떨어지고 말았어요.

金さん、日本語が上手なのに。김 씨, 일본어 잘하면서…….

ながら | ~하면서

예 テレビを見ながら、ご飯を食べます。
텔레비전을 보면서 밥을 먹습니다.

ほど | ~만큼, ~정도

예 昨日ほど寒くない。어제만큼 춥지 않다.

これほどおいしくない。이것만큼 맛있지 않다.

ばかり | ~만 〈한정〉 / ~하기만 하고 있다

예 テレビばかり見ています。텔레비전만 보고 있어요.

遊んでばかりいる。놀기만 하고 있다.

확인문제

1 빈칸에 들어갈 알맞은 것을 골라 보세요.

① あの人は背も高い＿＿＿、ハンサムだ＿＿＿、最高です。

    ① し / と   ② て / し   ③ し / て   ④ し / し

② 一生懸命勉強した＿＿＿、試験に落ちてしまいました。

    ① ので   ② から   ③ し   ④ のに

③ 会社まで2時間＿＿＿、かかります。

    ① と   ② しか   ③ とか   ④ も

④ 昨日は家＿＿＿ゆっくり休みました。

    ① に   ② で   ③ は   ④ へ

⑤ 風邪＿＿＿、欠席しました。

    ① で   ② の   ③ から   ④ に

2 주어진 단어를 이용하여 일본어로 써 넣어 보세요.

① 이쪽은 야마다 씨예요. (こちら)

　　　　　　　　　　　　　山田さんです。

② 일본어로 써 주세요. (日本語)

　　　　　　　　　　　　　書いてください。

③ 그것은 제 것이에요. (わたし)

　それは　　　　　　　　　　　です。

④ 이쪽이야말로 잘 부탁드려요. (こちら)

　　　　　　　　　　　　　どうぞよろしくおねがいします。

⑤ 서점은 어디에 있나요? (どこ)

　本屋は　　　　　　　　　　　ありますか。

접속사

접속사는 단어와 단어를 이어주거나, 문장과 문장을 연결해주는 품사입니다.

 문법 파헤치기

そして	그리고

예 部屋は明るくてそして、広いです。 방은 밝고 그리고, 넓어요.

買い物をして、そして映画を見ました。 쇼핑을 하고 그리고, 영화를 봤어요.

山田さんは韓国へ 行きました。そして鈴木さんは中国へ行きました。
야마다 씨는 한국에 갔어요. 그리고 스즈키씨는 중국에 갔어요.

それから	그리고, 그리고 나서

예 食事をしました。それから、映画を見ました。
식사를 했어요. 그리고 나서 영화를 봤어요.

すいかをください。それから、トマトもください。
수박을 주세요. 그리고 토마토도 주세요.

それに | 게다가

- 頭が痛い。それに熱もある。 머리가 아프다. 게다가 열도 있다.

  あの店の料理はおいしい。それに値段も安い。
  저 가게의 요리는 맛있다. 게다가 가격도 싸다.

また | 또

- この間はお手紙をありがとうございました。また昨日はお電話を
  くださいまして、ほんとうにありがとうございました。
  지난번은 편지를 (주셔서) 감사했습니다. 또 어제는 전화를 주시고 정말 감사했습니다.

  本を読んでまたレポートを書いた。 책을 읽고, 또 레포트를 썼다.

  バスでもまた電車でも行けます。 버스로도 또 전철로도 갈 수 있어요.

じゃ | 그럼

- じゃ、また明日。 그럼, 내일 또 봐.

  じゃ、行って来ます。 그럼 다녀오겠습니다.

ところで | 그런데(화제 전환)

- ところでみなさんはお元気ですか。 그런데, 여러분은 잘 지내시나요?

  ところで明日は何をしますか。 그런데, 내일은 무엇을 할 건가요?

それで	그래서

예 電車の事故がありました。それで遅刻しました。
전철 사고가 있었어요. 그래서 지각했습니다.

それでどうしますか。그래서 어떻게 할 거예요?

しかし	그러나

예 愛しています。しかし、別れましょう。 사랑하고 있어요. 그러나 헤어집시다.

でも	그렇지만, 하지만

예 バナナは好きです。でも、りんごは嫌いです。
바나나는 좋아해요. 하지만 사과는 싫어해요.

日本語は難しいです。でもおもしろいです。
일본어는 어려워요. 하지만 재미있어요.

1 빈칸에 들어갈 알맞은 것을 골라 보세요.

① ミルクは体にいいです。_____、毎日一杯飲んでいます。

　　① しかし　　　② でも　　　③ また　　　④ それで

② 頭が痛いです。_____熱もあります。

　　① でも　　　② それで　　　③ しかし　　　④ それに

③ 日本語は難しいです。_____面白いです。

　　① それから　　② それに　　③ でも　　　④ それで

④ 愛しています。_____、別れましょう。

　　① それで　　　② それに　　③ しかし　　④ それから

⑤ 食事をしました。_____、映画を見ました。

　　① それで　　　② それに　　③ しかし　　④ それから

2 빈칸에 알맞은 접속사를 넣어 문장을 완성해 보세요.

① 또 여기에 옵시다.

_____、ここに来ましょう。

② 그런데, 야마다 씨의 취미는 뭐예요?

_____、山田さんの趣味は何ですか。

③ 주말에는 친구와 영화를 봤어요. 그러고 나서, 커피를 마셨어요.

週末には友達と映画を見ました。_____、コーヒーを飲みました。

④ 그럼 다녀오겠습니다.

_____、行ってきます。

⑤ 야마다 씨는 일본에 갔습니다. 그리고 스즈키 씨는 미국에 갔습니다.

山田さんは日本へ行きました。_____、鈴木さんはアメリカへ行きました。

부사

부사란 용언(동사, 형용사)을 꾸미는 말입니다. 즉 '오늘은 매우 춥네요'라는 문장에서 '춥네요'라는 말을 꾸며주는 '매우'라는 말과, '영화를 자주 봅니다'에서 '봅니다'라는 말을 꾸며주는 '자주'라는 말과 같은 것입니다.

문법 파헤치기

すぐ	곧, 바로

예 今すぐ行きます。 지금 곧 갈게요.

まだ	아직

예 いいえ、まだです。 아니요, 아직이에요.

弟はまだ高校生です。 남동생은 아직 고등학생이에요.

ゆっくり	천천히, 느긋하게, 푹

예 すみませんが、ゆっくり話してください。 미안하지만, 천천히 말해주세요.

週末は家でゆっくり休みたいです。 주말에는 집에서 푹 쉬고 싶어요.

とても | 매우, 대단히

예 今日はとても暑いですね。 오늘은 매우 덥네요.

ここはとても高いですね。 여기는 매우 비싸네요.

なかなか | 꽤, 상당히, 좀처럼(부정문)

예 なかなかいいですね。 꽤 좋네요.

バスがなかなか来ませんね。 버스가 좀처럼 오지 않네요.

かなり | 제법, 꽤, 상당히

예 かなり時間がかかります。 꽤 시간이 걸려요.

今日はかなり暑いですね。 오늘은 꽤 덥네요.

ちょっと | 잠깐, 조금, 좀

예 ちょっと待ってください。 잠시 기다려주세요.

ちょっと早いですね。 조금 이르네요.

それはちょっと…。 그건 좀…….

ずっと | 쭉, 계속, 훨씬 〈비교할 때〉

예 週末はずっと家にいました。 주말에는 쭉 집에 있었어요.

私は姉よりずっと背が高いです。 저는 언니보다 훨씬 키가 커요.

> 일본어로 '키가 크다'라고 할 때는 '높다'라는 형용사를 써서 「背が高(たか)い」라고 합니다.
> '키가 작다'는 「背が低(ひく)い」라고 합니다.

もう   이제, 벌써 / 이미, 더

예 <u>もう</u>すぐ6時^{ろくじ}です。 이제 곧 6시예요.

   <u>もう</u>食^たべました。 벌써 먹었어요.

   チケットは<u>もう</u>買^かっておきました。 티켓은 이미 사 두었어요.

   <u>もう</u>一度話^{いちどはな}してください。 한 번 더 말해주세요.

ぜひ   꼭, 제발

예 <u>ぜひ</u>韓国^{かんこく}に来^きてください。 꼭 한국에 오세요.

   私^{わたし}も<u>ぜひ</u>行^いきたいです。 저도 꼭 가고 싶어요.

かならず   반드시, 틀림없이

예 3時^{さんじ}には<u>かならず</u>帰^{かえ}ってきます。 3시에는 반드시 돌아올게요.

   明日^{あした}のさんかんの日^ひには<u>かならず</u>来^きてくださいね。 내일 참관일에는 반드시 오세요.

きっと   반드시

예 明日^{あした}は<u>きっと</u>晴^はれるでしょう。 내일은 반드시 맑겠지요.

   明日^{あした}のさんかんの日^ひには<u>きっと</u>来^きてくださいね。 내일 참관일에는 반드시 오세요.

> ※ 「かならず」는 객관적이고 논리적으로, 그것이 아니면 안 된다는 기분을 단정적으로 말하는 경우에 쓰며, 「きっと」는 강한 확신을 갖고 있지만, 어디까지나 자신이 주관적으로 그렇게 생각한다는 의미를 표현합니다. 「かならず」는 추측표현에는 쓸 수 없습니다.

たぶん | 아마도

예 <u>たぶん</u>明日は雨が降るでしょう。 아마도 내일은 비가 오겠지요.

もし | 만일

예 <u>もし</u>明日雨が降ったら、行きません。 만일 내일 비가 온다면 안 가겠어요.

どうして | 왜, 어째서

예 <u>どうして</u>昨日は欠席しましたか。 왜 어제는 결석했어요?

なぜ | 왜, 어째서

예 <u>なぜ</u>昨日は欠席しましたか。 왜 어제는 결석했어요?

やはり | 역시

예 <u>やはり</u>カルビですね。 역시 갈비네요.

もちろん | 물론

예 <u>もちろん</u>行きます。 물론 갑니다.
　はい、<u>もちろん</u>です。 네, 물론이에요.

いつも | 항상, 늘, 언제나

예 私は<u>いつも</u>朝7時に起きます。 저는 항상 아침 7시에 일어나요.

| よく | 자주, 잘 |

예 <u>よく</u>映画を見ます。 자주 영화를 봐요.

예 <u>よく</u>聞いてください。 잘 들어주세요.

| 時々 | 가끔, 때때로 |

예 私は<u>時々</u>山に登ります。 저는 가끔 산에 올라갑니다.

| ほとんど | 거의, 대부분 |

예 <u>ほとんど</u>終わりました。 거의 끝났어요.

| あまり | 그다지, 별로 |

예 運動は<u>あまり</u>しません。 운동은 별로 하지 않아요.

| 全然 | 전혀 |

예 お酒は<u>全然</u>飲みません。 술은 전혀 마시지 않아요.

확인문제

1 빈칸에 들어갈 알맞은 것을 골라 보세요.

① すみませんが、＿＿＿一度話してください。

①　まだ　　　　②　もう　　　　③　とても　　　　④　もし

② ＿＿＿映画を見ます。

①　よく　　　　②　まだ　　　　③　ゆっくり　　　④　もし

③ 今日は＿＿＿暑いですね。

①　とても　　　②　まだ　　　　③　ゆっくり　　　④　もし

④ 私は＿＿＿7時に起きます。

①　全然　　　　②　もう　　　　③　まだ　　　　　④　いつも

⑤ ＿＿＿韓国に来てください。

①　ぜひ　　　　②　なかなか　　③　とても　　　　④　ゆっくり

2 빈칸에 알맞은 부사를 넣어 문장을 완성해 보세요.

1 아직 고등학생이에요.

_____高校生です。

2 술은 전혀 안 마셔요.

お酒は_____飲みません。

3 내일은 집에서 푹 쉬고 싶어요.

明日は家で_____休みたいです。

4 거의 끝났어요.

_____終わりました。

5 저는 언니보다 훨씬 키가 커요.

私は姉より_____背が高いです。

조수사

조수사는 숫자를 나타내는 말입니다. 많이 쓰이는 중요한 숫자표현에 대해 알아둡시다.

 문법 파헤치기

숫자연습 1

1	いち	11	じゅういち	21	にじゅういち	40	よんじゅう
2	に	12	じゅうに	22	にじゅうに	50	ごじゅう
3	さん	13	じゅうさん	23	にじゅうさん	60	ろくじゅう
4	よん / し	14	じゅうよん	24	にじゅうよん	70	ななじゅう
5	ご	15	じゅうご	25	にじゅうご	80	はちじゅう
6	ろく	16	じゅうろく	26	にじゅうろく	90	きゅうじゅう
7	なな / しち	17	じゅうなな	27	にじゅうなな	100	ひゃく
8	はち	18	じゅうはち	28	にじゅうはち	0	ゼロ / れい
9	きゅう / く	19	じゅうきゅう	29	にじゅうきゅう		
10	じゅう	20	にじゅう	30	さんじゅう		

例 おいくつですか。 나이가 어떻게 되세요?

<ruby>２３<rt>にじゅうさん</rt></ruby>です。 스물 셋이에요.

<ruby>携帯<rt>けいたい</rt></ruby>の<ruby>番号<rt>ばんごう</rt></ruby>は<ruby>何番<rt>なんばん</rt></ruby>ですか。 휴대폰 번호는 몇 번입니까?

<ruby>０１０－２１３－４９３７<rt>ゼロいちゼロ の に いちさん の よんきゅうさんなな</rt></ruby>です。 010-213-4937이에요.

<ruby>８１２－３４５６<rt>はちいちに の さんよん ごろく</rt></ruby>です。 812-3456이에요.

▌ 전화번호를 말할 때는 숫자를 하나씩 읽고, 중간에 「の」를 넣습니다. 하이픈(-) 부분에는 「の」를 넣어서 읽습니다.

숫자연습 2

百	ひゃく	千	せん	万	いちまん	10万	じゅうまん
2百	にひゃく	2千	にせん	2万	にまん	20万	にじゅうまん
3百	さんびゃく	3千	さんぜん	3万	さんまん	30万	さんじゅうまん
4百	よんひゃく	4千	よんせん	4万	よんまん	40万	よんじゅうまん
5百	ごひゃく	5千	ごせん	5万	ごまん	50万	ごじゅうまん
6百	ろっぴゃく	6千	ろくせん	6万	ろくまん	60万	ろくじゅうまん
7百	ななひゃく	7千	ななせん	7万	ななまん	70万	ななじゅうまん
8百	はっぴゃく	8千	はっせん	8万	はちまん	80万	はちじゅうまん
9百	きゅうひゃく	9千	きゅうせん	9万	きゅうまん	90万	きゅうじゅうまん

백 단위 발음이 많이 어려운데, '3백, 6백, 8백' 발음만 주의하면 됩니다. 천 단위 발음도 마찬가지로, '3천, 6천, 8천' 발음을 주의합시다! 그리고, 우리는 '만 원'이라고 하는데, 일본어로 말할 때는 반드시 「いちまん(1만)」이라고 해야 합니다.

例 いくらですか。 얼마예요?

<ruby>３４０<rt>さんびゃくよんじゅうえん</rt></ruby>円です。 340엔이에요.

携帯はいくらですか。 휴대폰은 얼마예요?

３５万ウォンです。 35만원이에요.

개수

한 개	두 개	세 개	네 개	다섯 개
ひとつ	ふたつ	みっつ	よっつ	いつつ
여섯 개	일곱 개	여덟 개	아홉 개	열 개
むっつ	ななつ	やっつ	ここのつ	とお

개수를 세는 이 단어는 '열 개'까지밖에 없습니다. '열한 개'부터는 「じゅういち」라고 합니다. 그러니까, 「じゅういち」는 '11'도 되고, '열한 개'도 됩니다.

예 점원 : いらっしゃいませ。어서 오세요.

손님 : ハンバーガーを一つ、コーラを一つください。
햄버거를 한 개, 콜라를 한 개 주세요.

점원 : はい、全部で240円です。네, 전부해서 240엔이에요.

시 · 분

1時	2時	3時	4時	5時	6時	
いちじ	にじ	さんじ	よじ	ごじ	ろくじ	
7時	8時	9時	10時	11時	12時	何時
しちじ	はちじ	くじ	じゅうじ	じゅういちじ	じゅうにじ	なんじ

'~시'라고 할 때는 숫자에다 「じ」만 붙이면 되는데, '4시, 7시, 9시'는 조금 주의해야 합니다. 4시는 「よんじ」라고 하지 않고 「よじ」이고, '7시'는 「ななじ」라고 하지 않고 「しちじ」라고 하며, '9시'도 「きゅうじ」가 아니라 「くじ」라고 해야 합니다. 그리고 '12시'도 의외로 많이 틀리니까 주의합시다.

1分	いっぷん	11分	じゅういっぷん	21分	にじゅういっぷん	35分	さんじゅうごふん
2分	にふん	12分	じゅうにふん	22分	にじゅうにふん	40分	よんじゅっぷん
3分	さんぷん	13分	じゅうさんぷん	23分	にじゅうさんぷん	45分	よんじゅうごふん
4分	よんぷん	14分	じゅうよんぷん	24分	にじゅうよんぷん	50分	ごじゅっぷん
5分	ごふん	15分	じゅうごふん	25分	にじゅうごふん	55分	ごじゅうごふん
6分	ろっぷん	16分	じゅうろっぷん	26分	にじゅうろっぷん	60分	ろくじゅっぷん
7分	ななふん	17分	じゅうななふん	27分	にじゅうななふん	何分	なんぷん
8分	はっぷん	18分	じゅうはっぷん	28分	にじゅうはっぷん		
9分	きゅうふん	19分	じゅうきゅうふん	29分	にじゅうきゅうふん		
10分	じゅっぷん	20分	にじゅっぷん	30分	さんじゅっぷん		

'~분'은 「ふん / ぷん」으로 읽습니다. '5분'은 「ごふん」, '10분'은 「じゅっぷん」으로 발음합니다. 그리고 '~시 반'이라고 할 때 '반'은 「半(はん)」이라고 합니다.

예 今何時ですか。지금 몇 시예요?

7時30分です。7시 30분이에요.

월·일

1月	2月	3月	4月	5月	6月	
いちがつ	にがつ	さんがつ	しがつ	ごがつ	ろくがつ	
7月	8月	9月	10月	11月	12月	何月
しちがつ	はちがつ	くがつ	じゅうがつ	じゅういちがつ	じゅうにがつ	なんがつ

1日	ついたち	9日	ここのか	17日	じゅうしちにち	25日	にじゅうごにち
2日	ふつか	10日	とおか	18日	じゅうはちにち	26日	にじゅうろくにち
3日	みっか	11日	じゅういちにち	19日	じゅうくにち	27日	にじゅうしちにち
4日	よっか	12日	じゅうににち	20日	はつか	28日	にじゅうはちにち
5日	いつか	13日	じゅうさんにち	21日	にじゅういちにち	29日	にじゅうくにち
6日	むいか	14日	じゅうよっか	22日	にじゅうににち	30日	さんじゅうにち
7日	なのか	15日	じゅうごにち	23日	にじゅうさんにち	何日	なんにち
8日	ようか	16日	じゅうろくにち	24日	にじゅうよっか		

例 4月4日です。 4월 4일이에요.

誕生日は何月何日ですか。 생일은 몇 월 며칠이에요?

7月7日です。 7월 7일이에요.

사람 수

一人	二人	三人	四人	五人	六人	
ひとり	ふたり	さんにん	よにん	ごにん	ろくにん	
七人	八人	九人	十人	十一人	十二人	何人
ななにん	はちにん	きゅうにん	じゅうにん	じゅういちにん	じゅうににん	なんにん

사람 수를 셀 때, '한 명, 두 명'은 좀 다르게 읽으므로 주의하세요. '한 명'은 「ひとり」, '두 명'은 「ふたり」라고 합니다. 그리고 '네 명'도 「よんにん」이 아니라, 「よにん」이라고 해야 합니다.

例 家族は何人ですか。 가족은 몇 명이에요?

四人です。 네 명이에요.

クラスの人は全部で何人ですか。 반 사람은 전부해서 몇 명이에요?

十二人です。 열두 명이에요.

횟수

一回	二回	三回	四回	五回	六回	
いっかい	にかい	さんかい	よんかい	ごかい	ろっかい	
七回	八回	九回	十回	十一回	十二回	何回
ななかい	はっかい	きゅうかい	じゅっかい	じゅういっかい	じゅうにかい	なんかい

'한 번, 여섯 번, 여덟 번, 열 번' 발음에 주의하세요!

예 映画は月に何回ぐらい見ますか。영화는 한 달에 몇 번 정도 보나요?

二回ぐらい見ます。두 번 정도 봐요.

美容院には年に何回ぐらい行きますか。미용실에는 1년에 몇 번 정도 가나요?

六回ぐらい行きます。여섯 번 정도 갑니다.

잔을 셀 때

一杯	二杯	三杯	四杯	五杯	六杯	
いっぱい	にはい	さんばい	よんはい	ごはい	ろっぱい	
七杯	八杯	九杯	十杯	十一杯	十二杯	何杯
ななはい	はっぱい	きゅうはい	じゅっぱい	じゅういっぱい	じゅうにはい	なんばい

'1잔, 3잔, 6잔, 8잔, 10잔, 몇 잔' 발음에 주의하세요!

예 一日にコーヒーは何杯ぐらい飲みますか。하루에 커피는 몇 잔 정도 마시나요?

3杯ぐらい飲みます。3잔 정도 마셔요.

나이

一歳	二歳	三歳	四歳	五歳	六歳	
いっさい	にさい	さんさい	よんさい	ごさい	ろくさい	
七歳	八歳	九歳	十歳	十一歳	十二歳	何歳
ななさい	はっさい	きゅうさい	じゅっさい	じゅういっさい	じゅうにさい	なんさい

'한 살, 여섯 살, 여덟 살, 열 살' 발음에 주의하세요! '스무 살'은 「はたち」라고 합니다.

예 今年おいくつですか。 올해 나이가 어떻게 되세요?

二十六歳です。 스물여섯 살이에요.

何歳ですか。 몇 살이에요?

十八歳です。 열여덟 살이에요.

년 · 개월

1年	2年	3年	4年	5年	6年	
いちねん	にねん	さんねん	よねん	ごねん	ろくねん	
7年	8年	9年	10年	11年	12年	何年
ななねん	はちねん	きゅうねん	じゅうねん	じゅういちねん	じゅうにねん	なんねん

'4년'이라고 할 때는 「よんねん」이나 「しねん」이라고 하지 않는 것에 주의하세요! '4년'은 「よねん」
이라고 합니다.

예 今年は何年ですか。 올해는 몇 년이에요?

2007年です。 2007년이에요.

何年生まれですか。 몇 년생이에요?

１９８４年生まれです。 1984년생이에요.

私は高校一年生です。 저는 고등학교 1학년입니다.

1ヶ月	いっかげつ	5ヶ月	ごかげつ	9ヶ月	きゅうかげつ	何ヵ月	なんかげつ
2ヶ月	にかげつ	6ヶ月	ろっかげつ	10ヶ月	じゅっかげつ		
3ヶ月	さんかげつ	7ヶ月	ななかげつ	11ヶ月	じゅういっかげつ		
4ヶ月	よんかげつ	8ヶ月	はっかげつ	12ヶ月	じゅうにかげつ		

'1개월, 6개월, 8개월, 10개월' 발음에 주의합시다.

例 会社に入ってから、何ヵ月目ですか。회사에 들어간 지 몇 개월째예요?

　　6ヶ月目です。6개월째예요.

몇 주일

一週間	二週間	三週間	四週間	五週間	
いっしゅうかん	にしゅうかん	さんしゅうかん	よんしゅうかん	ごしゅうかん	
六週間	七週間	八週間	九週間	十週間	何週間
ろくしゅうかん	ななしゅうかん	はっしゅうかん	きゅうしゅうかん	じゅっしゅうかん	なんしゅうかん

'1주일, 6주일, 8주일, 10주일'을 읽을 때 주의하세요!

例 研修は何週間ですか。연수는 몇 주일이에요?

　　四週間です。4주간이에요.

몇 권

一冊	二冊	三冊	四冊	五冊	
いっさつ	にさつ	さんさつ	よんさつ	ごさつ	
六冊	七冊	八冊	九冊	十冊	何冊
ろくさつ	ななさつ	はっさつ	きゅうさつ	じゅっさつ	なんさつ

'한 권, 여섯 권, 여덟 권, 열 권' 발음에 주의하세요!

예 ノートを一冊ください。 노트를 한 권 주세요.

机の上に本が八冊あります。 책상 위에 책이 여덟 권 있습니다.

몇 대

一台	二台	三台	四台	五台	
いちだい	にだい	さんだい	よんだい	ごだい	
六台	七台	八台	九台	十台	何台
ろくだい	ななだい	はちだい	きゅうだい	じゅうだい	なんだい

컴퓨터, 자동차, 카메라, 자전거 등을 셀 때 쓰는 말입니다.

예 カメラが二台あります。 카메라가 2대 있어요.

車が三台あります。 자동차가 3대 있어요.

家にパソコンは二台あります。 집에 컴퓨터는 2대 있습니다.

긴 것을 셀 때

一本	二本	三本	四本	五本	
いっぽん	にほん	さんぼん	よんほん	ごほん	
六本	七本	八本	九本	十本	何本
ろっぽん	ななほん	はっぽん	きゅうほん	じゅっぽん	なんぼん

연필, 우산, 넥타이, 병 등과 같은 긴 물건을 셀 때 쓰는 말입니다. 영화필름 같은 것도 길어서 이 「ほん」이란 조수사로 셉니다. '한 병, 세 병, 여섯 병, 여덟 병, 열 병, 몇 병' 발음에 주의하세요. 「いっぽん・さんぼん・ろっぽん・はっぽん・じゅっぽん・なんぼん」이 됩니다.

예 ネクタイを一本ください。 넥타이를 한 개 주세요.

ビールを一本ください。 맥주를 한 병 주세요.

机の上に鉛筆が三本あります。 책상 위에 연필이 3자루 있어요.

傘が六本あります。 우산이 6개 있어요.

映画は月に三本ぐらい見ます。 영화는 한 달에 3편 정도 봅니다.

확인문제

1 다음 중 바르게 읽은 것을 골라 보세요.

① いま、１２時５分です。

①　にじゅうじごぶん　　　②　じゅうにじごぷん

③　にじゅうじごふん　　　④　じゅうにじごふん

② 映画は月に三回見ます。

①　さんじ　　　②　みっつ　　　③　さんかい　　　④　さんばん

③ 私は２１歳です。

①　にじゅういっさい　　　②　にいちさい

③　にじゅういちさい　　　④　にいっさい

④ 女の人が一人います。

①　いちにん　　　②　ひとり　　　③　ひたり　　　④　いちじん

⑤ 今日は４月１４日です。

①　よんがつじゅうよんにち　　②　しがつじゅうよんにち

③　しがつじゅうよっか　　　④　よんがつじゅうよっか

② 빈칸에 알맞은 조수사를 넣어 문장을 완성해 보세요.

① 저의 가족은 네 명이에요.

私の家族は＿＿＿＿＿＿＿です。

② 햄버거를 한 개 주세요.

ハンバーガーを＿＿＿＿＿＿＿ください。

③ 오늘은 5월 5일입니다.

今日は＿＿＿＿＿＿＿です。

④ 한 잔 이상은 마시지 마세요.

＿＿＿＿＿＿＿以上は飲まないでください。

⑤ 수업은 4시까지입니다.

授業は＿＿＿＿＿＿＿です。

확인문제 정답

제01강 명사

문제 1

1 ②

2 ③

3 ①

4 ②

5 ②

문제 2

1 韓国人だ / 韓国人である

2 学生ですか

3 山田では[じゃ]ありません

山田では[じゃ]ないです

4 雨でした / 雨だったんです

5 土曜日ではありませんでした

土曜日ではなかったです

제02강 い형용사

문제 1

1 ①

2 ④

3 ②

4 ③

5 ①

문제 2

1 忙しかった

2 おもしろいですか

3 忙しくなりました

4 おもしろかったですか

5 強くて寒かったです

제03강 な형용사

문제 1

1 ④

2 ③

3 ②

4 ①

5 ③

문제 2

1 ハンサムな

2 静かに

3 簡単でした

4 有名で

5 まじめじゃありませんでした

まじめじゃなかったです

제04강 동사의 분류

문제 1

1 き

2 せ

3 つ

④ ぎ

⑤ の

⑥ は

⑦ め

⑧ わ

⑨ り

⑩ ぶ

문제 2

① 2그룹동사

② 2그룹동사

③ 1그룹동사

④ 3그룹동사

⑤ 1그룹동사

⑥ 1그룹동사

⑦ 2그룹동사

⑧ 1그룹동사

⑨ 3그룹동사

⑩ 1그룹동사

제05강 동사 ます형

문제 1

① ②

② ③

③ ②

④ ②

⑤ ③

문제 2

① 食べましょうか

② 買いました

③ 行きませんでした

④ 飲みませんか

⑤ します

제06강 ます형의 문형

문제 1

① ②

② ①

③ ②

④ ④

⑤ ②

문제 2

① 飲みながら

② 食べたいですか

③ 見に行きます

④ したいですか

⑤ 食べに

제07강 동사 て형

문제 1

① ②

② ③

③ ④

④ ②

⑤ ③

문제 2

① ご<ruby>飯<rt>はん</rt></ruby>を<ruby>食<rt>た</rt></ruby>べて

② <ruby>音楽<rt>おんがく</rt></ruby>を<ruby>聞<rt>き</rt></ruby>いて

③ コーヒーを<ruby>飲<rt>の</rt></ruby>んで

④ <ruby>会社<rt>かいしゃ</rt></ruby>へ<ruby>行<rt>い</rt></ruby>って

⑤ <ruby>早<rt>はや</rt></ruby>く<ruby>来<rt>き</rt></ruby>て

제08강 て형의 문형

문제 1

① ②

② ④

③ ①

④ ③

⑤ ②

문제 2

① <ruby>行<rt>い</rt></ruby>ってください

② <ruby>送<rt>おく</rt></ruby>ってください

③ <ruby>終<rt>お</rt></ruby>わってから

④ <ruby>乗<rt>の</rt></ruby>るまえに

⑤ <ruby>寝<rt>ね</rt></ruby>るまえに

제09강 상태와 진행

문제 1

① ②

② ③

③ ③

④ ①

⑤ ①

문제 2

① <ruby>作<rt>つく</rt></ruby>っている

② <ruby>入<rt>はい</rt></ruby>っています

③ しています

④ <ruby>買<rt>か</rt></ruby>ってあります

⑤ <ruby>持<rt>も</rt></ruby>っている

제10강 허가와 금지

문제 1

① ①

② ③

③ ④

문제 2

① <ruby>帰<rt>かえ</rt></ruby>ってはいけません

② <ruby>書<rt>か</rt></ruby>いてもいいです

③ <ruby>行<rt>い</rt></ruby>ってもいいですか

제11강 て형+보조동사

문제 1

1 ②

2 ①

3 ①

4 ②

5 ②

문제 2

1 電話してみます

2 食べてしまいました

3 予約しておいてください

4 歩いてきました

5 成長して行きます

제12강 수수동사

문제 1

1 ③

2 ④

3 ④

4 ②

5 ③

문제 2

1 あげました

2 やりました

3 くれました

4 くださいました

5 もらいました

6 いただきました

제13강 동사 た형

문제 1

1 ④

2 ②

3 ②

4 ④

5 ③

문제 2

1 行った

2 飲んだ

3 した

4 来た

5 話した

제14강 た형의 문형

문제 1

1 ②

2 ②

3 ③

4 ③

5 ①

문제 2

① かぶったまま

② 見たことがありません

③ 行ったほうがいいです

④ 歌ったことがあります

⑤ 休んだほうがいいです

제15강 동사 たり형

문제 1

① ①

② ③

③ ①

④ ②

⑤ ②

문제 2

① 食べ

② お風呂に入っ / 掃除をし

③ 広かっ / 狭かっ

④ 上手だっ / 下手だっ

⑤ 午前だっ / 午後だっ

제16강 동사 ない형

문제 1

① ④

② ①

③ ③

④ ①

⑤ ③

문제 2

① 行かない

② 話さない

③ 帰らない

④ 見ない

⑤ 買わない

제17강 ない형의 문형

문제 1

① ③

② ①

③ ①

④ ③

⑤ ③

문제 2

① 引かないように

② 話さないでください

③ 払わなければなりません

④ 行かなくてもいい

⑤ 飲まない方がいいです

제18강 사역·수동·사역수동

문제 1
① ③

② ②

③ ③

문제 2
① 足を踏まれ

② 休ませ

③ おごらせられ / おごらされ

제19강 가능표현

문제 1
① ①

② ③

③ ①

문제 2
① 食べられますか

食べることができますか

② 行けない

行くことができない

③ 電話がかけられます

電話をかけることができます

제20강 가정표현

문제 1
① ④

② ①

③ ①

④ ②

⑤ ②

문제 2
① 来

② 立つ

③ 食べる

④ 行け

⑤ 安けれ

제21강 추측과 전문

문제 1
① ④

② ②

③ ④

④ ②

⑤ ①

제22강 의지표현

문제 1

① ①

② ①

③ ①

문제 2

① 食_たべよう

② 出発_{しゅっぱつ}する

③ する

제23강 존경·겸양표현

문제 1

① ③

② ③

③ ④

④ ①

⑤ ②

문제 2

① いらっしゃいますか

② 使_{つか}い

③ 待_またせ

④ 申_{もう}します

⑤ いただきます

제24강 조사

문제 1

① ④

② ④

③ ④

④ ②

⑤ ①

문제 2

① こちらは

② 日本語_{にほんご}で

③ わたしの

④ こちらこそ

⑤ どこに

제25강 접속사

문제 1

① ④

② ④

③ ③

④ ③

⑤ ④

문제 2

① また

② ところで

③ それから

④ じゃ

⑤ そして

제26강 부사

문제 1

① ②

② ①

③ ①

④ ④

⑤ ①

문제 2

① まだ

② 全然
　 ぜんぜん

③ ゆっくり

④ ほとんど

⑤ ずっと

제27강 조수사

문제 1

① ④

② ③

③ ①

④ ②

⑤ ③

문제 2

① 四人
　 よ にん

② 一つ。
　 ひと

③ 五月五日
　 ご がつ いつか

④ 一杯
　 いっぱい

⑤ 四時まで
　 よ じ